mon week-end
rando
clé en main

PROVENCE

BOUCHES-DU-RHÔNE • VAR • VAUCLUSE

Glénat

Les textes touristiques sont d'Audrey Salor et Noëllie Monod.

Les textes et photos des randonnées sont extraits des guides suivants :
- *Alpilles, parc naturel régional*, collection « Le P'tit Crapahut », Raphaël, Emmanuel et Violaine Perdiguier : WE 01 : randos 01, 02, 03.
- *Alpilles, les plus belles randonnées*, collection « Rando Évasion », Alain Godon : WE 01 : randos 04, 05.
- *Les massifs provençaux autour d'Aix et Marseille*, collection « Le Guide Rando », Patrick Mérienne : WE 02, randos 01 à 06 ; WE 03 : randos 01 à 04 ; WE 04 : randos 01 à 04 ; WE 08 : randos 01 à 04.
- *Autour d'Aix et Marseille*, collection « Le P'tit Crapahut », Marc Bellon, Stéphane Couette, Claude Lopez et Lionel Marchèse : WE 02, rando 06.
- *Dans le Var*, collection « Le P'tit Crapahut », Jean-Michel Pouy : WE 05 : randos 01, 02 ; WE 06 : randos 01, 04.
- *Var, les plus belles randonnées*, collection « Rando Évasion » : WE 05 : randos 03, 04 ; WE 06 : randos 02, 03 ; WE 07 : randos 01 à 05.
- *Dans le Luberon*, collection « Le P'tit Crapahut », Tony Guarente et Claude Lopez : WE 09 : randos 01, 02 ; WE 10 : rando 02 ; WE 15 : randos 01, 02.
- *Luberon*, collection « Le Guide Rando », Patrick Mérienne : WE 09 : randos 03, 04 ; WE 10 : rando 01, 03, 04, 05 ; WE 11 : randos 01 à 04 ; WE 15 : randos 03, 04.
- *Pays du Ventoux Dentelles de Montmirail*, collection « Le P'tit Crapahut », Raphaël, Emmanuel et Violaine Perdiguier : WE 12 : randos 01, 02, 03 ; WE 13 : randos 01 à 04 ; WE 14 : randos 01 à 04.
- *Cimes et falaises de Provence*, collection « Rando Évasion », Christiane et Yves Birot : WE 12 : rando 04 ; WE 14 : rando 05.

Photo de couverture : Simiane-la-Rotonde, un bel exemple de village perché (week-end n°10).
© Patrick Mérienne

Cartographie : Murielle Dubois / Éditions Glénat.
Les cartes sont réalisées sur fonds OpenStreetMap.
© OpenStreetMap Contributors
Conception graphique : Michel Barthelemy
Mise en pages : Glénat Production

© 2025 Éditions Glénat
Couvent Sainte-Cécile
37, rue Servan
38000 Grenoble
www.glenat.com
contact@glenat.com

ISBN : 978-2-344-06802-1 / 001
Dépôt légal : avril 2025

Retrouvez tous les itinéraires sur www.monGR.fr

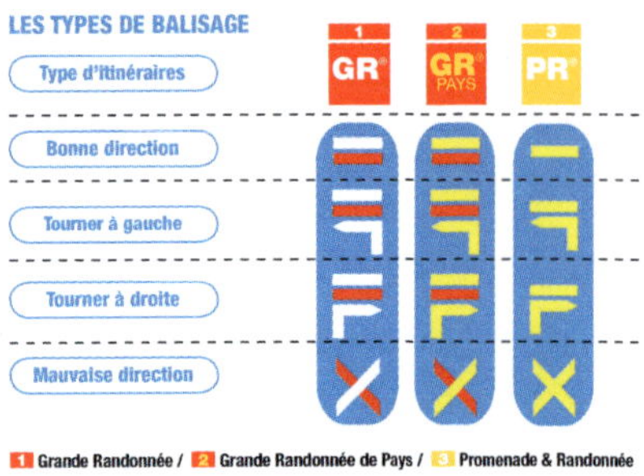

AVANT-PROPOS

Depuis la sortie de la crise sanitaire, nombreux sont ceux qui aspirent de plus en plus à se ressourcer en pleine nature. Échapper au stress et à l'agitation de la vie urbaine, partager de bons moments en famille ou entre amis, rompre avec son quotidien, retrouver les liens fondamentaux avec la nature, profiter de chaque instant, s'émerveiller d'un coucher de soleil, se délecter des senteurs des sous-bois, croiser le regard d'une biche au détour d'un sentier, se laisser emporter les yeux fermés par le bruit du ruisseau ou du ressac sur la plage, s'étonner du chant des oiseaux, être envoûté par la beauté des fleurs, rester bouche-bée devant le panorama, savourer les produits locaux, prendre le temps…

L'objectif de cette collection est de **répondre à ces besoins en déconnectant le temps d'un week-end** et quoi de mieux pour cela que d'aller arpenter ces petits coins de paradis dont recèlent nos belles régions de France.

Nul besoin d'ajouter du stress et de passer des heures sur Internet pour trouver la bonne destination et des balades et randonnées adaptées à nos envies. Dans cet ouvrage, tout est fourni « clé en main » !

De la Méditerranée au mont Ventoux, choisissez votre « camp de base » parmi les quinze proposés et profitez des multiples balades et randonnées accessibles au plus grand nombre que nous avons sélectionnées pour vous.

Belle vue plongeante sur La Garde-Freinet (week-end n°6, rando n°2).

SOMMAIRE

AVANT DE PARTIR

Choix du « camp de base »

Chaque destination a été sélectionnée pour :
– sa capacité d'accueil touristique (hébergement, restauration). Nous vous recommandons quelques hébergements, mais vous pouvez choisir d'autres adresses selon vos envies ;
– son environnement et la proximité de belles balades et randonnées alentour ;
– ses différents attraits touristiques.
Si vous voulez varier les plaisirs et les découvertes, les rubriques « Envie d'autres expériences », « Envie d'autres balades », « Coup de cœur » et « À voir / À faire » sont là pour vous.

Balades et randonnées

Les itinéraires présentés dans cet ouvrage sont, pour la majorité d'entre eux, accessibles au plus grand nombre. Les indications de durée, distance et dénivelé cumulé sont à prendre en compte pour mesurer l'effort à fournir. Les itinéraires les plus longs et/ou aux forts dénivelés sont réservés aux randonneurs entraînés. Ne surestimez pas vos capacités. Si vous êtes avec des enfants, prévoyez une durée un peu plus importante que celle indiquée.
Les horaires ne tiennent pas compte des pauses et des arrêts. Ils sont estimatifs et calculés sur une base d'environ 3 km/h sur terrain plat, et 300 mètres de dénivelé par heure en montée.
La rubrique difficulté apporte quelques informations complémentaires, sur la nature du terrain rencontré, un passage qui peut s'avérer délicat…
Les « P'tit plus » vous renverront sur une adresse où vous restaurer lors de votre randonnée ou après celle-ci, sur une curiosité à voir ou un lieu à visiter… de quoi agrémenter votre sortie du jour.
Les traces GPS téléchargeables via les QR-code vous permettent de naviguer sur votre smartphone avec l'application cartographique de votre choix. Ces traces n'ont pas été relevées sur le terrain ; elles ont été reconstituées sur des sites de cartographie sur internet, avec des écarts possibles avec les sentiers que vous rencontrerez sur le terrain. Ne les suivez pas aveuglément ! Suivez plutôt le sentier et le descriptif.

Conseils utiles

Partez à plusieurs si possible.
Emportez suffisamment d'eau.
Protégez-vous du soleil (couvre-chef et crème).
Munissez-vous d'un sac à dos (de 20 à 30 litres), c'est plus confortable pour porter vos affaires.
Chaussez-vous bien. Chaussures à tige haute ou de trail, peu importe ; veillez toutefois à ce que les semelles soient suffisamment crantées, pour une bonne accroche au sol).
Portez des vêtements adaptés au mistral ou à la chaleur.
Pas de feu, bien entendu, bivouac interdit l'été et le camping toute l'année.
Ne quittez pas et ne coupez pas (pour gagner du temps) les sentiers balisés. Par arrêté préfectoral, il est interdit d'emprunter les éboulis (ou pierriers). Cela peut être dangereux pour vous-même ou pour les autres randonneurs.
Ne cueillez rien : admirez et faites des photos ! Certaines plantes sont protégées régionalement ou nationalement.
Soyez patients pour effectuer votre randonnée : laissez passer les forts mistrals et les grosses chaleurs. Le printemps est la saison idéale pour randonner (floraisons magnifiques, températures agréables). Pensez aussi à l'hiver (lumière exceptionnelle) et à l'automne (couleurs et douceur). N'oubliez pas qu'en hiver les journées sont plus courtes, prévoyez une marge horaire pour finir votre balade avant la nuit.
Ramenez vos déchets et emballages.
Ne laissez rien dans les véhicules.
Munissez-vous d'une paire de jumelles pour observer le paysage !
Respecter les personnes que vous croiserez durant votre balade… qu'ils soient randonneurs, vététistes, cavaliers ou chasseurs : la courtoisie, le partage et l'échange (avec bonne humeur !) restent nos valeurs.
Votre chien devra être tenu en laisse à l'approche d'autres promeneurs ou des habitations. C'est obligatoire dans certains secteurs comme le Grand site Sainte-Victoire.

ACCÈS AUX MASSIFS (RISQUE D'INCENDIE)

Bouches-du-Rhône et Var

Les accès aux massifs boisés sont soumis à une réglementation en période estivale du 1er juin au 30 septembre.

Les espaces forestiers de notre région **sont exposés aux risques d'incendies** et notamment en période estivale. Un dispositif de prévention est mis en place durant **toute l'année** et plus particulièrement entre **le 1er juin et le 30 septembre.**

Depuis 2018, les préfectures des Bouches-du-Rhône, du Var et des Alpes-Maritimes ont décidé d'harmoniser le dispositif de prévention des incendies en période estivale et vous informent, des **conditions d'accès aux massifs forestiers**.

Pour chaque massif, **trois couleurs** (vert, jaune et rouge) vous permettent de connaître les possibilités de vous balader (autorisation ou interdiction) et de vous informer du niveau de danger de feu de forêt. Un niveau de danger qui règlemente l'accès, la circulation et les travaux dans les espaces naturels du territoire. En rouge tout accès, circulation et présence dans les massifs sont interdits.

Ces conditions d'accès aux massifs sont actualisées tous les jours et **établies en fonction de la météorologie** (précipitations, force du vent, taux d'humidités, etc...) **et du niveau sécheresse**.

Vaucluse et Alpes-de-Haute-Provence

Pendant la période estivale (du 15 juin au 15 septembre), l'accès aux massifs forestiers du Luberon et des Monts de Vaucluse est réglementé. Informez-vous sur les conditions d'accès selon le risque météo journalier (vent, sécheresse...) : risque-prevention-incendie.fr/vaucluse ou risque-prevention-incendie.fr/alpes-de-haute-provence.fr.

En août 1989, plus de 5 000 hectares du massif de la Sainte-Victoire ont été ravagés par les flammes.
© C. Chillio / CRT Provence-Alpes-Côte-d'Azur

1

SAINT-RÉMY-DE-PROVENCE ET LES ALPILLES

OÙ LA LUMIÈRE DANSE SUR LES COLLINES BLANCHES

Chers à Alphonse Daudet, les paysages des Alpilles conjuguent reliefs calcaires de basse altitude parsemés de garrigue, champs d'oliviers et vignobles. De gracieux villages – Fontvieille, Mouriès, Eygalières ou Les-Baux-de-Provence – complètent cette toile méditerranéenne où la nature est reine. Flore et faune d'exception (dont aigles de Bonelli et hiboux Grand-duc) y sont protégées depuis la création d'un Parc naturel régional en 2007. Choyées par un climat doux et ensoleillé, ces terres agricoles donnent vie à un terroir savoureux. L'AOC Les Baux-de-Provence et l'AOP vallée des Baux-de-Provence distinguent d'ailleurs vins et huiles d'olive des Alpilles. Ces terres peuvent aussi se targuer d'une histoire dense, dont il faut découvrir les précieux témoignages : le site archéologique de Glanum – gaulois puis romain –, l'hôtel de Sade ou le cloître Saint-Paul-de-Mausole, devenu centre culturel, où Van Gogh fut interné en 1889 et peignit ses plus belles toiles.

Ci-dessus : vue sur le site des Baux-de-Provence. © Raphaël Perdiguier
Page ci-contre : Saint-Paul de Mausole. © C. Chillio / CRT Provence-Alpes-Côte-d'Azur

PRATIQUE

Quand venir

■ De début mars à fin octobre (sauf restrictions incendie, voir page 7).
À Saint-Rémy-de-Provence, chaque lundi de Pentecôte se tient la traditionnelle Fête de la Transhumance, qui rassemble les éleveurs locaux en costumes traditionnels et troupeaux.

Y aller

■ **En voiture :** de Marseille : emprunter l'A 55 puis l'A 7, sortie 25 : Cavaillon, Apt, l'Isle-sur-la-Sorgue, Saint-Rémy. De Lyon : descendre l'A 7 et prendre la sortie 25.
■ **En transports en commun :** les gares les plus proches sont celles d'Arles, d'Avignon TGV et Nîmes TGV. La gare d'Orgon est également desservie par le TER (ligne 9, Marseille-Avignon via Cavaillon). Le bus Zou ! 707 relie Avignon à Saint-Rémy-de-Provence via Rognonas, Châteaurenard et Eyrargues. Le Zou ! 704 Plan-d'Orgon à Arles (mais avec seulement 3 trajets par jour en semaine). Infos et horaires : zou.maregionsud.fr.
■ **Sur place** seuls les bus Zou ! desservent Saint-Rémy (voir ci-dessus).

Se loger

■ **Le Chalet fleuri :** proche du centre historique de Saint-Rémy-de-Provence, cet hôtel de charme niché dans une bâtisse de 1870 affiche des tarifs plutôt raisonnables dans une ville où le prix de l'hébergement est élevé. Parc fleuri et piscine.
■ **Camping Pegomas :** situé dans un quartier résidentiel mais proche du centre-ville de Saint-Rémy, il affiche un bon rapport qualité prix. Piscine et terrain de pétanque. Le camping est labellisé Accueil Vélo.

1 SAINT-RÉMY-DE-PROVENCE ET LES ALPILLES

Envie d'autres expériences ?

■ Les sentiers escarpés des Alpilles se prêtent très bien à une **randonnée à cheval**, excellent moyen de déconnecter et d'apprécier les grands espaces ponctués de crêtes et la végétation méridionale : pinèdes, champs d'oliviers, thym, romarin… Nul besoin d'être un cavalier chevronné pour tenter l'expérience. Une petite dizaine d'écuries réparties dans les environs de Saint-Rémy proposent des balades d'une ou plusieurs heures ou d'une demi-journée. S'informer et trouver un prestataire : alpillesenprovence.com/activites-loisirs/equitation/

■ Plutôt **VTT** sur les chemins de randonnée **ou vélo** de route sur les petites voies de campagne ? Quoi qu'il en soit, vous êtes au bon endroit pour pédaler. Adeptes des dénivelés doux pour balade tranquille ou plus prononcés en mode challenge, choisissez votre itinéraire sur l'application Chemins des Parcs. Par ailleurs, une piste cyclable plate et goudronnée, idéale pour les familles, relie Saint-Rémy-de-Provence à Saint-Étienne-du-Grès en 20 km aller-retour. En savoir plus et trouver un loueur de vélos : alpillesenprovence.com/activites-loisirs/cyclotourisme/

■ Au départ de Fontvieille, vous pouvez embarquer à bord du **Vélorail des Alpilles**, pour explorer l'ancienne ligne de chemin de fer qui reliait la gare à l'abbaye de Montmajour (8 km aller-retour soit environ 1h15). Le parcours est bordé de champs de riz et tournesols. 2 places pour les pédaleurs à l'avant et 3 places assises à l'arrière. Infos et réservation : veloraildesalpilles.fr

À VOIR / À FAIRE

■ Le site archéologique de Glanum.
■ Le cloître Saint-Paul-de-Mausole, centre culturel et touristique Van Gogh.
■ Le moulin de Daudet à Fontvieille.
■ Le château des Baux-de-Provence.

COUP DE CŒUR

■ La montée vers la chapelle Notre-Dame-du-Château depuis Saint-Étienne-du-Grès : une promenade accessible d'1h30 dans un vallon verdoyant où subsistent des vestiges de fortifications.

ENVIE D'AUTRES BALADES ?

■ Le parcours Van Gogh, entre les Antiques et le musée Estrine à Saint-Rémy, jalonné de 20 plaques commémoratives, relate la vie du peintre et les tableaux réalisés durant son internement de mai 1889 à juin 1890 à l'asile de Saint-Paul de Mausole. Plan de l'itinéraire à l'office de tourisme.

■ Au pied du promontoire rocheux des Baux-de-Provence dominé par la forteresse médiévale, le chemin des Trémaïé forme une boucle d'1,8 km. En hiver, les oiseaux quittent les hauteurs pour s'y réfugier. On peut alors les observer et écouter leur chant au petit matin.

ASTUCE RANDO

En raison des risques d'incendies, l'accès au Parc naturel régional des Alpilles est réglementé en été. Pour éviter les mauvaises surprises, je m'informe avant mon départ sur le site de la Préfecture des Bouches-du-Rhône : http://bpatp.paca-ate.fr/

Ci-contre : **Alpilles, terre de randonnées.**
© Raphaël Perdiguier

Ci-dessous : **garrigue, oliveraie et calcaire… le cœur des Alpilles.**
© Alain Godon

1 SAINT-RÉMY-DE-PROVENCE ET LES ALPILLES

Rando n°1

Les crêtes de Romanin

Cet itinéraire sportif et aérien permet une découverte unique des crêtes des Alpilles. Après un départ en douceur entre les vignes et les oliveraies de la plaine de Romanin, l'itinéraire grimpe par l'étroit col de Vallongue puis épouse la ligne de crêtes, récompensant le randonneur de points de vue inoubliables.

Le château de Romanin.

Départ : Saint-Rémy-de-Provence, parking de la Libération.
Accès : depuis Saint-Rémy-de-Provence, prendre la route d'Orgon (D 99), puis prendre à droite le chemin du trou des Bœufs. 500 m après, tourner à gauche (direction domaine Guilbert) puis à droite (cours des Guillots). Continuer 500 m et se garer sur la gauche (grand virage, intersection, Chemin Cante Perdigau).
Difficulté : longueur, passages rocheux raides et accidentés.

Itinéraire

En sortant du parking, emprunter à droite le chemin Saint-Joseph, puis après 150 m prendre à gauche le chemin de Canto Cigalo. Le suivre jusqu'à une intersection (croix). Poursuivre en face par le chemin de Valrugues. À partir de là, le chemin est balisé rouge / blanc tout le long. Continuer jusqu'à une intersection (panneau) 1. Suivre à gauche direction Eygalières. À l'embranchement suivant (panneau) continuer en direction d'Eygalières par la grosse Galine en gardant bien le chemin balisé rouge/blanc. Traverser une intersection puis rattraper une route 2. Emprunter à droite cette route qui monte légèrement. Après 600 m, arriver au Mas « le Calabrun » numéro 1128 3. Emprunter le chemin à gauche (allée de cyprès). Après 350 m, prendre à gauche à l'intersection suivante (haie de cyprès, clôture). Marcher 500 m et arriver à une intersection (panneau) 4. Tourner à droite direction Eygalières. Longer le Mas et poursuivre à droite. Garder cette piste 700 m jusqu'à une fourche 5 après un virage à droite. Suivre le chemin de gauche (clôture). Bien garder le chemin balisé rouge/ blanc. Après 900 m, rattraper une large piste et la monter à droite. Rejoindre une vigne 6. La longer à gauche. Contourner la maison et continuer à gauche sur la piste principale vers le château de Romanin. Après un virage, le sentier balisé longe la piste puis la retrouve. En contrebas du château (ruine) continuer à gauche par la piste non bétonnée. 200 m après, monter sur la droite direction Saint-Rémy par la Caume. Arriver à un col 7 après un raidillon. Suivre le chemin à droite et passer en contrebas de barres rocheuses. Après 1,4 km de crapahut, atteindre les crêtes 8. Continuer à gauche. Attention ! L'itinéraire balisé épouse la ligne de crêtes avec par endroits des raidillons assez délicats. Après 1,4 km, arriver au plateau de la Caume 9, garder l'itinéraire balisé qui bifurque à droite en direction d'un pylône. À l'intersection suivante, AR possible (50 m) vers un belvédère. Continuer à gauche

L'AÉRODROME DE ROMANIN

L'aérodrome de Romanin profite de la situation privilégiée des Alpilles, orientée perpendiculairement à la direction du Mistral. Ce site fut le théâtre d'une série de records mondiaux de durée de vol en planeur dont celui de Charles Atger, qui, en 1952, après 56h15 de vol dans un mistral violent, posa son planeur, totalement épuisé, en ayant perdu plus de 5 kg. Suite à un tragique accident, ces records d'endurance furent interdits. La création de l'actuel aéro-club en 1963 permet aujourd'hui la pratique encadrée de ce sport.

en direction du grand relais de télécommunications. Arriver à une route. La descendre à droite (1 km) jusqu'à une intersection (panneau) 10. Tourner à droite. La piste descend en fond de vallon et longe plusieurs propriétés puis rattrape le point 1.

P'tit plus

■ Cave, caveau et vignoble de Château Romanin (AOC Les Baux de Provence), 04 90 92 69 57.

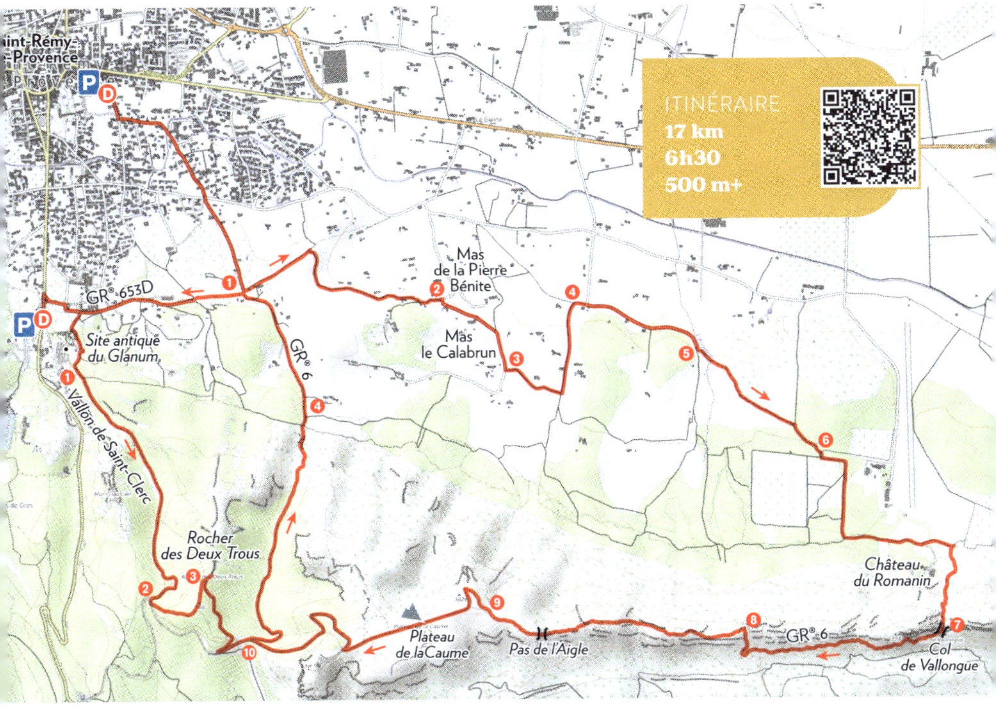

Sur les crêtes.

1 SAINT-RÉMY-DE-PROVENCE ET LES ALPILLES

Rando n°2

Les Deux Trous

ITINÉRAIRE
8,2 km
3h00
270 m+

Deux vallons et deux trous font quatre bonnes raisons de s'embarquer dans le projet de cette randonnée courte, mais un brin sportive pour une immersion botanique dans les vallons de Saint-Clerc et de Valrugue en quête d'un face à face sur le belvédère des hauteurs avec le rocher des Deux Trous.

Départ : Saint-Rémy-de-Provence, parking du site de Glanum.
Accès : de Saint-Rémy-de-Provence, prendre la D 5 en direction des Baux-de-Provence. Se garer au parking payant du site archéologique de Glanum juste après les Antiques.
Difficulté : aucune.

Itinéraire

Carte page 13. Descendre devant les monuments gallo-romains des Antiques. Couper la D 5 et prendre l'allée Saint-Paul. Suivre le chemin des carrières à droite de la clinique, puis emprunter la piste DFCI, à droite en direction du vallon de Saint-Clerc (parcours botanique). Le chemin balisé (jaune) décrit un lacet (habitation), laisse sur la gauche les galeries souterraines d'anciennes carrières de pierres et longe le site de Glanum. L'itinéraire s'engage dans le vallon de Saint-Clerc avec la piste AL 218. (1) Le remonter dans l'aire de protection de biotope de la Caume jusqu'à la route des crêtes. (2) Gravir le sentier à gauche jusqu'à un beau belvédère, puis descendre pour trouver un chemin transversal sur un collet (3) face à un bel éperon rocheux. AR vers la barre rocheuse en restant à droite de la ligne de crête pour voir les deux trous à la base de la paroi. De retour au point (3) suivre le chemin transversal, à gauche, jusqu'à la route. La suivre à gauche et descendre la piste (AL 219) balisée (rouge/blanc) dans le vallon de Valrugue. Après les derniers resserrements rocheux, le vallon s'élargit (barrière). (4) L'itinéraire passe devant les premières habitations et atteint une intersection (mas Mussargues). Prendre le chemin balisé à gauche. Il devient bientôt goudronné (via Domitia) et ramène au point de départ.

Le rocher des Deux Trous.

L'AIGLE DE BONELLI

De taille modeste (1,50 à 1,70 m d'envergure) et sédentaire, il chasse dans les milieux agricoles et naturels ouverts mais fait son nid en falaise dès décembre. La ponte d'un ou deux œufs a lieu vers la mi-février et les jeunes naîtront 40 jours plus tard, recouverts de duvet blanc, et deviendront roux avec la pousse des plumes. Ils prendront leur envol courant juin, pour de 2 à 4 dangereuses années d'apprentissage solitaire. Cette espèce très menacée fait l'objet d'une vigilance accrue en raison de sa grande sensibilité aux dérangements en période de reproduction. Les Alpilles abritent quatre couples à l'heure actuelle, soit près de 15% de la population française.

Rando n°3

Le val d'Enfer

De la table d'orientation au sentier en balcon au-dessus du vallon de la Fontaine, cette petite boucle ne s'éloigne jamais des Baux-de-Provence que l'on observe sous différents angles. Autour du village, on profite également du décor aussi célèbre que singulier que composent les « taffoni », formes originales creusées par l'érosion dans les rochers calcaires.

Rocher du val d'Enfer.

Départ : Carrières de Lumières.
Accès : Les Baux-de-Provence.
Se garer sur l'un des nombreux parkings payants autour du village
Difficulté : court passage sur barreaux.

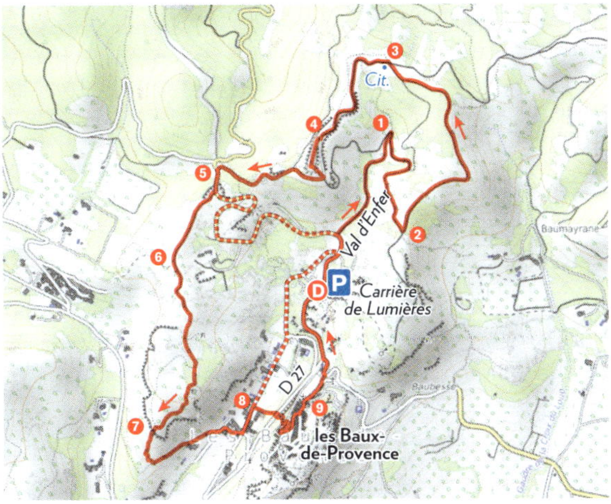

P'tits plus

- Les Baux-de-Provence.
- Les Carrières de Lumières. Spectacle de projections d'images totales et thématiques sur les parois des galeries des anciennes carrières de pierres du Val d'enfer (ex cathédrale d'images), 04 90 49 20 02, www.carrieres-lumieres.com

Itinéraire

Emprunter la route à gauche. Suivre la direction Maillane à l'intersection suivante. Peu après, monter par la piste à droite (AL 215). Prendre à droite à l'intersection suivante 1. Laisser une piste à gauche dans la montée. Arriver à un collet. 2 Suivre la piste à gauche. Monter sur les crêtes et rejoindre après 900 m une piste balisée rouge et blanc (citerne 50) 3. L'emprunter à gauche. Après 450 m (goudron) passer une barrière et virer 4 à droite jusqu'au point belvédère. Redescendre à gauche et rattraper la route. La suivre à droite jusqu'à un carrefour (petit col). Prendre la route à gauche. Après 50 m, 5 emprunter la piste à droite (ruine). À l'embranchement suivant 6 (poteau électrique), partir à gauche. Garder ce chemin jusqu'à un large muret transversal (ruine). Suivre le sentier à droite, puis encore à droite peu après (petit cairn). Ignorer les sentiers secondaires. Prendre à gauche à l'embranchement suivant (cairn), puis descendre un petit aplomb rocheux équipé de barreaux 7. Continuer la descente par un passage accidenté dans la garrigue et arriver au-dessus d'une dalle rocheuse. La descendre à gauche et rattraper un chemin en contrebas. L'emprunter à gauche jusqu'à une route. La suivre à gauche. À l'intersection suivante, prendre la route à gauche et continuer jusqu'à l'entrée de Baumanières 8. Juste avant (515), monter (escaliers) un chemin bétonné à droite jusqu'à une route. Gravir en face les escaliers qui mènent à un petit parking. Monter à droite. Traverser le village. Sortir par la rue Porte-Mage. 9 pour retrouver le point de départ ou votre parking.

ITINÉRAIRE
5,8 km
2h00
150 m+

Variante (même durée)

Pour éviter le passage de l'aplomb rocheux et du tronçon de descente accidenté, descendre par la route à partir du point 5 pour retrouver le point 8, le point de départ ou votre parking.

Les carrières de Lumières.

1 SAINT-RÉMY-DE-PROVENCE ET LES ALPILLES

Rando n°4

Le vallon des Amants

ITINÉRAIRE
18,5 km
6h30
350 m+

Cette randonnée sauvageonne grimpe dans le vallon de Pierre Malle, redescend par la piste des Lombards, erre dans les crêtes et chemins vallonnés du Grand Calan, passe devant un magnifique lac bleu avant de remonter vers les Antennes de Saint-Rémy-de-Provence. Au retour, vos yeux seront certainement aussi fatigués que vos mollets suite à la profusion de points de vue et panoramas qui ponctuent cette boucle.

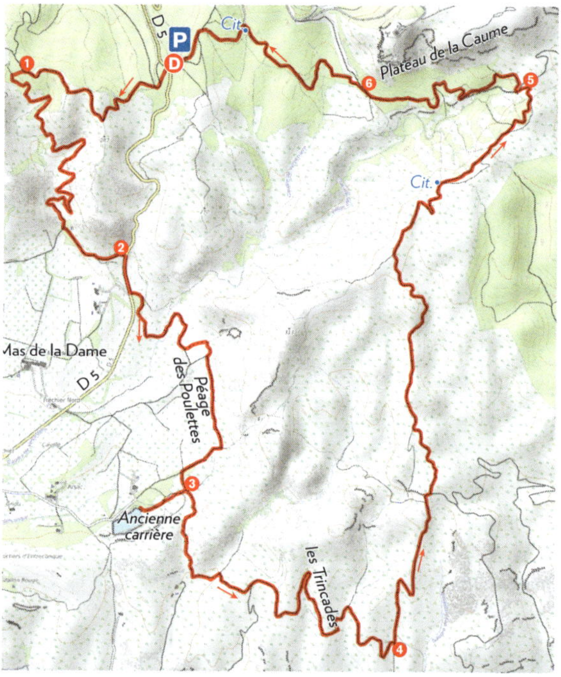

Départ : parking de la Caume entre Saint-Rémy et Maussane.
Accès : de Saint-Rémy, s'engager sur la D 5 vers Maussane-les-Alpilles. Stationner à gauche parking de la Caume.
Difficulté : une longue randonnée. Éviter les journées trop chaudes ou de fort mistral.

Itinéraire

Traverser avec prudence la D 5 pour grimper face à vous dans la colline. Au grand croisement de pistes, s'orienter à gauche vers Les Baux-de-Provence. Profiter du panorama tout en prenant de l'altitude. Ignorer à droite l'AL112. Au jalon de la piste des Lombards 1, descendre à gauche vers Maussane. Toujours rester fidèle à ce chemin qui, par

L'AMANDE DE PROVENCE

Avec l'olivier, la vigne et les céréales, l'amandier fut longtemps une culture historique de Provence. À Saint-Rémy, autrefois, les vergers traditionnels étaient nombreux et réputés. Las, faute de rentabilité cette culture de l'amande d'année en année a déclinée en Provence pour pratiquement tomber en désuétude dans les années 1970. Malgré quelques tentatives pour relancer cette culture, les amandiers ne survivent plus qu'isolés en bordure de champs alors qu'on importe de grandes quantités d'amandes à l'étranger. Leurs floraisons précoces annoncent le printemps à venir comme une maigre consolation.

Le vignoble du Grand Calan.

de petites boucles, descend dans le vallon.
À la barrière, prolonger sur la gauche. Après 500 mètres, s'engager dans le petit sentier caché derrière les blocs de pierre, longer les vignes pour rejoindre la D 5 ❷. La suivre à droite sur 150 mètres. Traverser la route, passer la barrière, contourner le vignoble par la droite. Laisser le chemin sur la droite.
À l'extrémité de la vigne, poursuivre sur quelques mètres avant de suivre un sentier à droite (barrière) qui descend et se tortille jusqu'au gué. Remonter la butte. À la jonction de piste, s'élever sur la gauche. Après la descente, à la fourche, rester à gauche et en faire de même à la jonction suivante. Descendre à droite pour vagabonder sur la piste du Péage des Poulettes. Parvenu à une division de piste prendre à droite pour longer le jardin de la Paix marqué par une stèle métallique. Au croisement suivant (compostage des Grignons), emprunter le chemin AL220 sur la gauche. Au croisement suivant ❸, faire un AR à droite (blocs de pierres) pour descendre jusqu'au lac des carrières de Maussane. Attention baignade interdite. Revenu au croisement ❸, poursuivre face à vous vers le sud sur le chemin rouge qui passe entre les rochers d'Entreconque. Bien rester fidèle au chemin principal. Laisser la Gaudre de Valoste à droite et longer l'oliveraie sur la gauche. S'engager dans le sentier à droite qui rejoint le chemin forestier des Trincades. Poursuivre sur cette piste qui, par de grandes boucles, remonte jusqu'à la jonction d'une piste forestière que vous suivez sur la gauche ❹. Toujours rester fidèle au chemin principal qui prend de la hauteur tout en vous proposant de larges points de vue sur le sud des Alpilles. À l'intersection de pistes, bifurquer à gauche pour déboucher à la citerne des Amants. Là encore profiter du panorama. Contourner le vallon des Amants par la droite avant de rejoindre le chemin de Baume Brignolle ❺. Poursuivre à gauche sur la piste forestière pour atteindre une grande patte-d'oie ❻. Laisser filer le chemin s'orientant vers le plateau de la Caume. Descendre à gauche. À la citerne, prendre à gauche et suivre le chemin asphalté qui revient au point départ.

Lac des carrières de Maussane.

1 SAINT-RÉMY-DE-PROVENCE ET LES ALPILLES

Dans la pinède du Défens de Sousteyran.

Rando n°5

Autour du Grand Méjan

Cette boucle dessinée au cœur des Alpilles vous entraîne par de bons chemins forestiers vers le sommet du Grand Méjan et l'éperon rocheux des Baux-de-Provence. Tout en cheminant vous pourrez méditer et vérifier pas à pas ce dicton provençal : « Lorsque Dieu créa le soleil, la terre, les montagnes et les eaux et les mit en place, il prit un peu de chaque pour faire un paradis et ainsi naquit la Provence ».

Départ : Maussane-les-Alpilles, parking OT.
Accès : de Saint-Rémy-de-Provence, par la D 5 rejoindre Maussane. Stationner avenue des Alpilles, parking du camping et de l'office de tourisme.
Difficulté : aucune, si ce n'est la distance et la durée.

Itinéraire

En sortant du parking de l'office de tourisme, s'engager à gauche sur la D 5 bordée de platanes. Bifurquer peu après à gauche sur le chemin des Baux à Mouriès. Couper avec attention la D 27 puis prolonger sur le chemin de la Terre de Fabre. À la rencontre de la route, prendre à droite (jaune).
Poursuivre (jaune) pour passer devant l'aqueduc du canal de la Vallée des Baux, le moulin de Manville et le pied de la colline. Traverser le golf des Baux ❶. À sa sortie, prendre à droite puis à gauche à travers bois. Face aux blocs rocheux, bifurquer à droite et peu après à gauche. Attention, lorsque la piste oblique à angle droit vers le sud prendre le sentier qui longe le mur pour déboucher sur la D 27 que vous empruntez à droite sur 100 mètres. Vous pouvez faire un AR jusqu'aux Baux-de-Provence en poursuivant sur les bas-côtés de la D 27. Sinon, prendre à gauche ❷ pour suivre la petite route qui s'engage dans le vallon. Fidèle aux rectangles jaunes, emprunter la ruelle qui descend entre les habitations. Passer devant le mas de la Guerre. Observer sur les hauteurs les rochers parsemés de trous. Alors que la piste redescend,

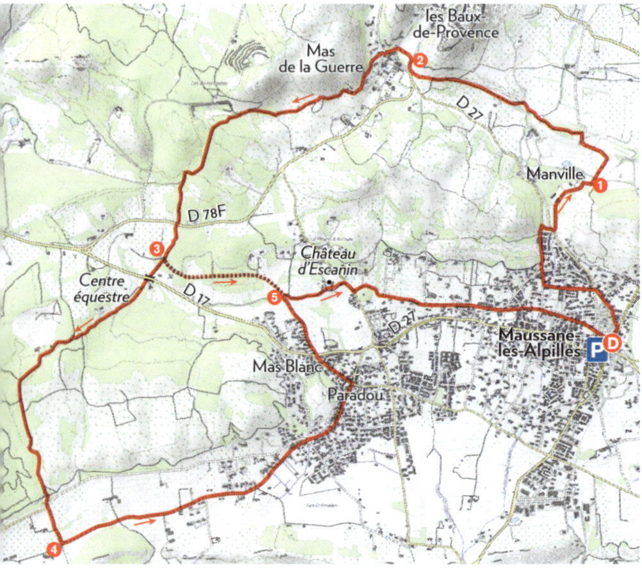

ITINÉRAIRE PRINCIPAL
16,8 km
4h45
165 m+

VERSION COURTE
11,1 km
3h30
110 m+

La fontaine des Quatre-Saisons.

FRÉDÉRIC MISTRAL

Natif du village de Maillane, proche de Saint-Rémy, le 8 septembre 1830, Frédéric Mistral est le plus grand écrivain en langue provençale. Depuis sa maison, il observait les Alpilles comme en témoignent ces quelques lignes extraites de son livre *Miréio* (*Mireille*) : « D'aussi loin qu'il me souvienne, je vois devant mes yeux au Midi, une barre de montagnes dont les mamelons bleuissaient du matin aux vêpres, plus ou moins clair et foncé, c'est la chaîne des Alpilles ceinturée d'oliviers, un véritable belvédère de gloire et de légendes. » C'est en 1904 qu'il reçut le prix Nobel de littérature pour couronner son œuvre tout entière dédiée à la Provence. Dans la maison où il vécut de 1876 à 1914, de nombreux témoignages de sa vie sont exposés comme une maigre consolation.

prendre à droite le sentier découpé dans la chênaie et récupérer la piste en contrebas. Au croisement après la carrière, s'élever sur la droite. Longer le mur en pierre puis dans la boucle poursuivre face à vous. Passez devant les panneaux de la propriété privée et poursuivre sur la piste forestière qui s'incurve légèrement sur la gauche pour rejoindre après la descente la 78F.
Poursuivre face à vous pour rejoindre le canal de la Vallée des Baux ③. Passer sous le pont pour rejoindre la D 17. Prendre en face le chemin balisé. Passer le centre équestre et s'élever dans la pinède. Au croisement de chemins, prendre à gauche l'AL104. À la patte-d'oie, rester à gauche. Dans le coude, bien rester sur la gauche et se laisser descendre pour passer le canal. À la jonction suivante, emprunter la petite route à gauche. À la rencontre de la D 78e ④, prendre à gauche puis au croisement de la 78C rester sur la gauche, couper la D 17 au mas Blanc. Au petit croisement ⑤, emprunter le chemin à droite pour passer au château d'Escanin et ses platanes impressionnants. À la route, descendre à droite sur 50 mètres pour suivre à gauche le chemin de Bourgeac. Toujours rester fidèle au balisage pour traverser le vieux Maussane, passer devant la mairie, le grand lavoir, la fontaine des Quatre-Saisons et revenir au point de départ.

Version courte

Du point ③, prendre à gauche le chemin de la Burlande (Via Arelia Maussane – Fontvieille) et rejoindre l'itinéraire principal au point ⑤.

Pâturage au Méjan.

2

AUBAGNE ET LE MASSIF DE L'ÉTOILE

LA PROVENCE DE MARCEL PAGNOL

Au nord de la cité phocéenne et à l'ouest d'Aubagne, le massif de l'Étoile découpe, tel un repère éternel, le ciel bleu de Provence. En sa pointe sud-est se dresse le Garlaban. Sur ses sentiers caillouteux et bucoliques semble résonner à jamais l'œuvre de Marcel Pagnol, qui y a planté le décor de ses *Souvenirs d'enfance*. Ces reliefs classés Natura 2000, qui culminent à 800 mètres d'altitude, recèlent des trésors de biodiversité. La face sud du massif, qui fait face à la Méditerranée, se distingue par ses falaises calcaires piquées de garrigue. On y accède depuis Aubagne, ville d'artisanat, réputée pour ses poteries, ses céramiques colorées et ses santons, mais aussi les ruelles pittoresques de son petit centre-ville. Tournée vers Aix-en-Provence, la face nord de l'Étoile, plus humide, concentre chênes verts, pins d'Alep et pins sylvestres. À ses pieds, Simiane-Collongue et Mimet – plus haut village des Bouches-du-Rhône – bourgs paisibles et autres portes d'accès aux chemins de randonnées.

Ci-dessus : table d'orientation au parc de la Nègre (rando n°3).
Page ci-contre : la ferme d'Angèle, vestiges d'un décor de Pagnol (rando n°5).

PRATIQUE

Quand venir

■ Toute l'année. Évitez les périodes les plus chaudes. Assurez-vous de l'ouverture de massifs forestiers (voir page 7).

Y aller

■ **En voiture :** de Marseille, prendre l'A 50 direction Toulon, puis sortie 6 Aubagne-centre. De Lyon : descendre l'A 7 direction Marseille, puis rejoindre l'A 8 direction Toulon, puis A 52 toujours direction Toulon. Sortie 35 Aubagne.

■ **En transports en commun :** la gare SNCF d'Aubagne est régulièrement desservie par le TER (ligne 1 Marseille/Hyères). La ligne métropole le car (ligne 72) relie Aix-en-Provence à Aubagne (moins de trajets le dimanche).

■ **Sur place** les bus du réseau Les lignes de l'agglo pour circuler dans la ville. La ligne 14 mène à la Font de Mai (pas de bus le dimanche). Infos et horaires : https://lignes-agglo.fr/

Se loger

■ **Camping du Garlaban :** à 10 minutes en bus de la gare d'Aubagne, propose des emplacements pour tentes, écolodges et cabanons dans un cadre naturel.

■ **Hôtel Noemys Pont de l'Étoile :** un établissement confortable et spacieux avec un restaurant et une piscine à un tarif raisonnable.

2 AUBAGNE ET LE MASSIF DE L'ÉTOILE

Envie d'autres expériences ?

■ (Re) plongez dans l'univers intemporel de Marcel Pagnol lors d'une **randonnée guidée** dans le Garlaban à la découverte des décors de ses films en noir et blanc ou des lieux mythiques des Souvenirs d'enfance. Infos auprès de l'office de tourisme : 04 42 03 49 98.

■ Le pays d'Aubagne et de l'Étoile est adhérent à la marque **Station de trail®**. Une vingtaine de parcours sont répartis sur l'Étoile, le Garlaban et la Sainte-Baume et sont adaptés aux débutants comme aux confirmés. Trouver un parcours : https://www.tourisme-paysdaubagne.fr/a-faire-sur-place/echappees-nature/station-de-trail/itineraires-trail/ ou télécharger l'application Stations de trail®.

■ Et si vous tentiez la **marche nordique** ? Une dizaine de parcours balisés débutent à la Font de mai, à Saint-Savournin et Saint-Zacharie. Trouver un parcours : https://www.tourisme-paysdaubagne.fr/a-faire-sur-place/echappees-nature/destination-marche-nordique-by-on-piste/itineraires-marche-nordique/

À VOIR / À FAIRE

■ Les lieux imprégnés de l'œuvre de Pagnol : le puits de Raimu, la ferme d'Angèle, le col d'Aubignane, la grotte de Manon, la grotte du Grosibou…

■ Découvrir la vieille ville d'Aubagne, ancienne cité médiévale cernée de remparts.

COUP DE CŒUR

■ Perché à 425 mètres d'altitude, le village de Belcodène offre une vue imprenable sur la montagne Sainte-Victoire.

ENVIE D'AUTRES BALADES ?

■ Les villes et les villages en contrebas de la face nord du massif de l'Étoile sont indissociables de l'histoire des mines des Bouches-du-Rhône, qui ont employé dès la fin du XIXe siècle des travailleurs venus d'Italie. À Cadolive, l'itinéraire du Mont Julien et de la grotte des Fées, boucle de 5,7 km, permet de se replonger dans ce passé. https://www.tourisme-paysdaubagne.fr/offres/le-mont-julien-et-la-grotte-des-fees-cadolive-fr-3944385/

ASTUCE RANDO

Pour tout savoir de la végétation, je télécharge une application gratuite qui me permet d'identifier les différentes espèces de plantes et de fleurs : Pl@ntnet, Plantsnap ou PictureThis.

Ci-dessus : **rochers dolomitiques autour du Pilon du Roi (rando n°2).**
Ci-dessous : **la glacière de Mimet (randos n°1 et 2).**

Randos n°1 et 2

L'Étoile versant septentrionnal

Cousine du Garlaban, la chaîne de l'Étoile est située au nord-est de Marseille. Ce massif calcaire dolomitique présente une série de collines, de vallons et de monts où il est facile de randonner avec des vues imprenables sur la grande Bleue et la cité phocéenne. Il est ponctué d'une série de sommets, tous bien reconnaissables, notamment ceux équipés d'antennes que sont la Petite Étoile, l'Étoile et la Grande Étoile. On notera aussi un sommet très particulier et repérable de très loin: le Pilon du Roi, grande dent calcaire de 710 m dont le sommet reste réservé aux grimpeurs. Le point culminant est atteint avec le Grand Puech, également équipé d'antennes, avec 778 m. Recouvert en majorité d'une garrigue basse, ce traditionnel espace de pâture qui abrite de nombreuses espèces florales rares et endémiques est magnifique à parcourir au printemps.
En contrebas au nord de la tête du Grand Puech, on trouve niché sur une colline le charmant village de Mimet, le plus haut des Bouches-du-Rhône (491 m d'altitude). Il possède de nombreux sites patrimoniaux intéressants comme un oppidum celto-ligure, une glacière du XVIIe siècle ou encore l'église de la Transfiguration qui abrite la plus ancienne crèche provençale (1644).

Départ : Mimet.
Accès : d'Aubagne, rejoindre Mimet, via Auriol et Cadolive. Garez-vous vers la poste ou la mairie.
Difficulté : aucune pour la tête du Grand Puech. Distance et durée pour le circuit du Pilon du Roi.

P'tit plus

À Mimet :
- visiter l'atelier exposition du maître maroquinier du Grain de Selle (04 42 58 95 04).
- voir la glacière du XVIIe siècle (chemin de la Glacière).
- l'oppidum de la tête d'Ost (comptez 30 min AR).

N°1 Circuit du Grand-Puech

Prenez le temps de vous balader dans ce beau village perché, le plus haut des Bouches-du-Rhône, via les rues du Barri (jusqu'à l'esplanade et le point de vue), la rue Basse et le chemin des Aires.
Continuez par le chemin Saint-Joseph et croisez une belle glacière bien conservée.
Suivez le chemin de Pignatelle jusqu'à un oratoire ❶.
Poursuivez jusqu'au col Sainte-Anne (589 m) ❷ via le parking et un nouvel oratoire.
Au col, rejoignez le point de vue à droite puis un passage raide sur la roche et une citerne enterrée.
Continuez sur la piste du Pilon du Roi et repérez un cairn et un petit sentier qui monte à gauche, s'enfonce dans la forêt passe des couloirs rocheux et rejoint les vestiges de la chapelle Notre-Dame-du-Rot. Belle vue de part et d'autre de cet escarpement rocheux.
Revenez jusqu'au col Sainte-Anne et l'oratoire ❷.
Suivez à droite le sentier bleu qui chemine sur la crête du Bau-Trauca (belles échappées sur Mimet et sur l'énigmatique rocher rouge de l'Aire

Vue imprenable sur la Sainte-Victoire depuis le Bau-Trauca.

Le Pilon du Roi.

de la Mourre qui sert de site de largage aux canadairs des produits retardants contre les incendies). Croisez le sentier du circuit suivant (730 m) 3 et rejoignez les antennes du Grand Puech puis le poste d'observation.
Le Grand Puech (778 m) : un superbe panorama vous attend et peut-être une pause casse-croûte sera bien méritée ! Redescendez par la piste et après le troisième lacet, quittez la piste à gauche et prenez le sentier par un raidillon (traits rouges), coupez la piste et redescendez vers le village et le parking à travers la pinède puis par le chemin Saint-Sébatien à gauche et la route Notre-Dame-des-Anges à droite.

N°2 Pilon du Roi

Au col Sainte-Anne 2, rejoignez le point de vue à droite puis un passage raide sur la roche et une citerne enterrée.
Continuez sur la piste du Pilon du Roi, longez l'escarpement et au niveau du pylône (640 m) 4, prenez le sentier à gauche, parfois rocheux qui monte jusqu'au Pilon du Roi.
Admirez ce spectaculaire monolithe calcaire (équipé pour l'escalade) et redescendez dans un paysage très chaotique (dolomitique) de blocs et de couloirs rocheux. Ce magnifique paysage minéral est malheureusement gâché par d'affreuses lignes à haute tension.
Passez un petit col (556 m) puis un second (590 m) 5.
Suivez la crête sur une garrigue basse et très fleurie, croisez la grotte des Maquisards (576 m, plaque) qui servit de relais aux Compagnons de la Liberté de 1943 à 1944 et rejoignez le col des Ouides (582 m) 6.
Vous êtes tout proche du site de l'Étoile (652 m) avec sa tour d'observation. Descendez par le vallon des Ouides (petit sentier étroit) et gagnez la piste.
Non loin de là, plus bas, vous pouvez rejoindre la source des Ouides. Plus loin, suivez à gauche le sentier qui remonte le vallon de Mauvelle (non balisé : restez sur la gauche du talweg) et retrouvez le col 5. Retournez par l'itinéraire de l'aller, suivez la piste sous le point de vue, gagnez l'oratoire du col Sainte-Anne puis suivez la route Notre-Dame-des-Anges jusqu'au parking.

Le site du monastère Notre-Dame-des-Anges.

RANDO N°1
9,5 km
3h15
460 m+

RANDO N°2
15,8 km
5h00
620 m+

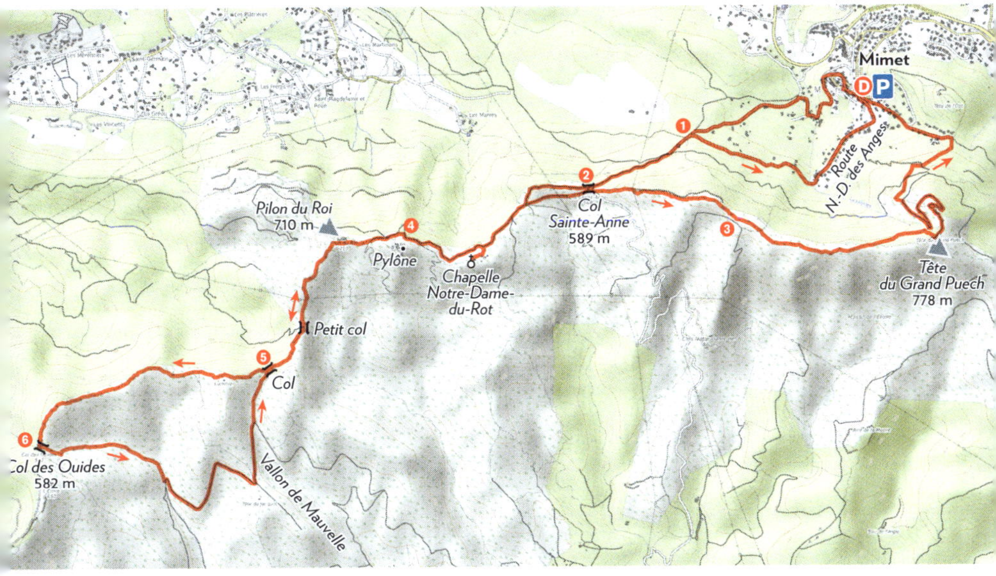

2 AUBAGNE ET LE MASSIF DE L'ÉTOILE

Rando n°3

Petit Sanguin, Petite Étoile et Grande Étoile

ITINÉRAIRE
13,8 km
3h30
520 m+

C'est sur cette partie méridionale du grand croissant calcaire de la chaîne de l'Étoile que se situent les symboles repères des Marseillais avec les sommets surmontés d'équipement de télécommunication. On trouvera sur les pentes, les croupes et les plateaux de beaux espaces naturels où croissent de nombreuses plantes intéressantes comme l'anémone palmée, la petite jurinée ou plus rare, l'endémique sabline de Marseille que l'on retrouve dans les Calanques.

Départ : Plan-de-Cuques.
Accès : en direction de Marseille, prendre la sortie 4b de l'A 50 puis la D 4 en direction de Plan-de-Cuques. Suivez ensuite la D 908 puis la D 44 F jusqu'au quartier Château Gombert. Prenez enfin le chemin de Palama à droite et garez-vous face près du croisement avec la rue de la Parade à gauche.
Difficultés : aucune. Évitez les grandes chaleurs et le fort mistral. Emportez suffisamment d'eau et soyez prudent surtout dans les descentes sur les sentiers caillouteux.

P'tit plus

■ Visiter les plantations du Parc départemental de la Nègre avec son oliveraie, ses 30 variétés de figuiers et ses 8 variétés d'amandiers.

Itinéraire

Remontez la rue de la Parade jusqu'à la barrière puis suivez la piste jusqu'au croisement de pistes (citerne, 294 m) ❶ Prenez la piste de gauche, en contrebas, à gauche, vous pouvez rejoindre dans le vallon un superbe puits recouvert de lauzes (AR). Gagnez le sommet d'un mamelon et suivez le sentier qui rejoint un vallon et un nouveau croisement de pistes (243 m). Suivez celle qui descend vers le sud-ouest, contourne le relief et rejoint le site des grottes Loubière. Remarquez l'ancien bâtiment rasé et l'entrée des grottes bouchées par de gros blocs à des fins de préservation de ce site préhistorique. Poursuivez vers le nord jusqu'à rejoindre une petite route goudronnée ❷. Suivez-la sur une centaine de mètres et prenez à gauche le sentier qui monte plein nord (raide !). Plus haut, rejoignez une piste qui passe en contrebas des installations de télécommunications du Petit Sanguin (540 m) et de la Petite Étoile (561 m). Continuez sur la crête, passez derrière la Grande

Étoile et gagnez la petite route qui monte jusqu'aux installations ❸. Contournez-les et faites-en le tour par un sentier (jaune) en contrebas du plateau rocheux. Admirez Marseille, les Îles du Frioul et les Calanques puis redescendez par le sentier bleu (raide et glissant !) qui rejoint en face la piste que vous suivez jusqu'au croisement suivant (392 m). Poursuivez sur le sentier de droite, qui longe le vallon et gagne le croisement de piste de l'aller (294 m) ❶. Continuez vers le sud jusqu'au lotissement de la Parade et prenez la route à gauche puis la rue de la Parade qui ramène au parking.

Pins d'Alep, parc de la Nègre.

Randos n°4, 5 et 6

Le Garlaban

Le massif du Garlaban ne se livre pas à la première visite et au premier coup d'œil. Malgré ses aspects méditerranéens ouverts mais un peu austères, ses larges pistes, ses garrigues fleuries et ses rares forêts, il reste parfois secret et intime. « Ce n'est pas une montagne, mais ce n'est plus une colline » écrivait Marcel Pagnol. Il faut entrer dans le monde de l'écrivain pour comprendre et apprécier les sites comme le village d'Aubignane et son décor fantôme, la grotte de Manon ou celle du Grosibou, la Bastide Neuve ou la ferme d'Angèle. Alors les sentiers, tous les sites croisés et le chant des cigales rappelleront à tout moment l'imaginaire fécond de Pagnol.
Les circuits du Taoumé et du Garlaban sont de belles randonnées à la demi-journée. Les sentiers y sont agréables et bien balisés et vous cheminerez dans une garrigue basse odoriférante, très fleurie au printemps.
Tourner autour de tête Rouge, figure caractéristique du massif, permet d'admirer tour à tour les vallons de la Treille, les barres de Saint-Esprit, le sommet de Garlaban et la chaîne de l'Étoile. Nous sommes en plein dans les paysages des souvenirs d'enfance de Marcel Pagnol.

N°4 Taoumé

Départ : hameau de la Treille.
Accès : d'Aubagne, prenez la D 44a vers Camoins-les-Bains. Suivez à droite la direction de La Treille et garez-vous si possible avant le hameau.
Difficulté : aucune, un peu de distance et de dénivelé. Évitez les grandes chaleurs et le fort mistral. Emportez suffisamment d'eau et soyez prudent surtout dans les descentes sur les sentiers caillouteux.

Itinéraire

Remontez la route de la Treille et ses fameux sites qui rappellent à tout moment l'univers de Marcel Pagnol. Croisez tout d'abord le cimetière qui abrite sa tombe, puis la Bastide Neuve, « l'asile des vacances ». Plus loin, la route fait place à une bonne piste qui mène

Signalisation.

2 AUBAGNE ET LE MASSIF DE L'ÉTOILE

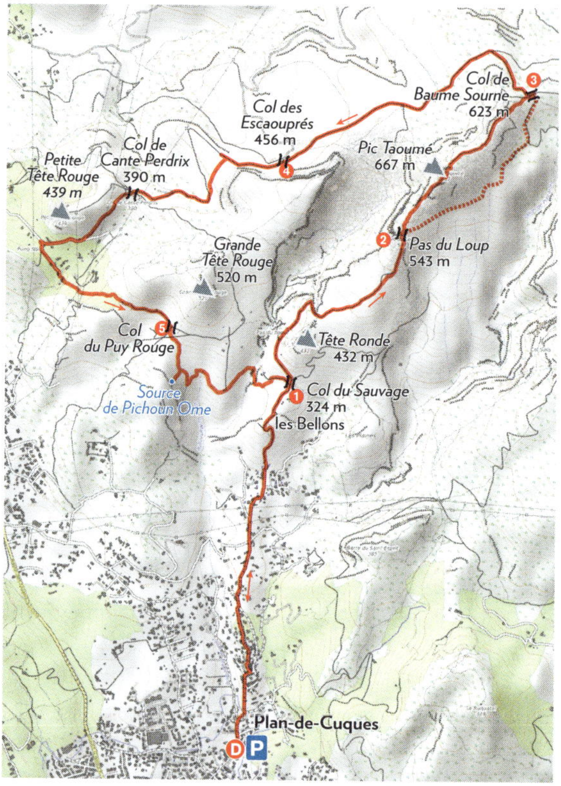

au col du Sauvage (324 m) ❶. Contournez le mamelon de la tête Ronde puis les vestiges du jas de Batisto et gagnez le croisement du Pas-du-Loup (542 m) ❷.
En continuant tout droit sur la croupe, vous rejoignez l'escarpement du Taoumé (une variante à droite permet de contourner le site. Suivez le sentier en contrebas et croisez la fissure-grotte du Grosibou (à faire AR : attention, c'est étroit ! Ce nom fait allusion à la rencontre de Pagnol et d'un hibou grand-duc). Rejoignez le pic du Taoumé (667 m) et descendez vers le col de Baume Sourne (623 m) ❸. Un bel endroit pour pique-niquer !
Prenez la piste de gauche (balisée bleu) et redescendez jusqu'au col des Escaouprés (456 m) ❹.

ITINÉRAIRE
14,6 km
4h15
640 m+

Le sommet du Garlaban au petit matin.

Table d'orientation au sommet du Garlaban.

Vestiges d'Aubignane, élément d'un décor pour les besoins d'un film de Pagnol.

Appréciez la vue sur la Grande Tête Rouge (520 m) et continuez jusqu'à l'intersection du petit hameau du Duché via le col de Cante Perdrix (390 m). Suivez à gauche le chemin de Peynaou, passez à gauche de la propriété le long de la clôture et remontez le vallon du Peynaou jusqu'au col du Puy Rouge (356 m) 1.
Laissez les pistes et continuez en face plein sud sur le sentier. À la première intersection, vous pouvez rejoindre les baumes des Pestiférés (allusion au récit de Pagnol sur la Grande Peste de 1720). Continuez et croisez la source de Pichoun Ome et retrouvez le col du Sauvage (324 m) 1 et le chemin emprunté à l'aller.

N°5 Circuit du Garlaban et des vestiges d'Aubignane

Accès : d'Aubagne, par laD 44 gagnez la Font de Mai. Garez-vous au parking prévu à cet effet.
Difficulté : aucune, un peu de distance et de dénivelé. Évitez les grandes chaleurs et le fort mistral. Emportez suffisamment d'eau et soyez prudent surtout dans les descentes sur les sentiers caillouteux.

Circuit complet

Prenez le sentier jaune et rejoignez le très beau site de l'écomusée (pique-nique, point d'eau – www.tourisme-paysdaubagne.fr – 04 42 03 49 98). Suivez à flanc le sentier jaune des Geckos jusqu'au puits (265 m) 1. Prenez à droite le sentier des Scolopendres (jaune) qui remonte en lacet une colline puis rejoint une grande piste (572 m). Suivez-la jusqu'au col de

La Bastide Neuve, « l'asile des vacances » de Marcel Pagnol.

LA FONT DE MAI

Le vaste domaine de la Font de Mai, situé dans un très beau cadre, propose nombreuses activités et animations. L'ancienne ferme est devenue un écomusée consacré à l'environnement, la géologie, la faune, la flore et l'agriculture : un arrêt incontournable pour les petits et les grands !

2 AUBAGNE ET LE MASSIF DE L'ÉTOILE

CIRCUIT COMPLET
14,8 km
4h05
660 m+

FERME D'ANGÈLE ET VESTIGES D'AUBIGNANE
10,9 km
2h45
480 m+

Garlaban (628 m) et son oratoire 2. Attaquez la montée vers le sommet du Garlaban par un petit raidillon pierreux puis suivez le sentier de gauche qui mène à la croix et à la table d'orientation du sommet (714 m). Profitez du très beau panorama sur la région : Sainte-Victoire, les Alpes, la Sainte-Baume, Marseille et sa rade. Redescendez par la gauche, passez un petit couloir rocheux et retrouver le col de Garlaban 2.
À la fourche de pistes, prenez en face le sentier jaune en direction du col d'Aubignane. Descendez vers le vallon des Piches jusqu'au pas Garrigue (544 m), puis à gauche jusqu'au col Salis (440 m) 3. Un peu plus bas, à gauche, un sentier permet de gagner la baume du Plantier ou «grotte de Manon» (AR). Rejoignez le col d'Aubignane (332 m) 4.
Dans ce carrefour de pistes, repérez le sentier le sentier à droite de la piste qui descend vers le sud dans le vallon de Marcellin. Suivez le sentier qui croise la ferme d'Angèle (construite pour les besoins d'un film de Pagnol) puis qui grimpe la barre du Saint-Esprit jusqu'aux vestiges du village d'Aubignane (également décors d'un film de Pagnol) et à la croix (AR).

Revenez au col 4 et prenez la piste vers le nord-est (citerne) puis tournez à droite et suivez le sentier des Geckos jusqu'au puits (265 m) 1. Un peu plus loin, quittez la piste et prenez le sentier à droite qui traverse le domaine de l'écomusée et ramène au parking.

Variante

Il est possible d'aller directement à la ferme d'Angèle (AR 9,1 km • 2h15 • 410 m+) et aux vestiges d'Aubignane (AR 10,9 km • 480 m+) en rejoignant directement le col d'Aubignane 4 depuis le croisement 1.

La grande Tête Rouge, photogénique.

N°6 Le tour de Tête Rouge

Départ : cimetière des Claous près d'Allauch.

Accès : d'Aubagne se rendre à Allauch. Entrer dans le village et monter à gauche vers Notre-Dame, Cimetière, puis suivre Cimetière des Claous. Après 700 m de petite route, se garer sur le parking entre le ranch et le cimetière.

Falaise rouge à cause des essais des canadairs.

LES GROTTES DES PESTIFÉRÉS

La dernière peste à Marseille eut lieu en 1720. Devant l'ampleur de l'épidémie, les portes de la ville furent closes. Certains ont pu s'échapper et se réfugier dans ces grottes, y vivant pendant des mois, comme à la Préhistoire.

Difficulté : montée raide sur le bitume, commencer à tout petits pas !

P'tit plus

À Allauch :

- Visiter le village.
- La confiserie-salon de thé Le Moulin Bleu propose ses nougats, suce-miel et autres spécialités locales : 04 91 68 19 06.
- Crèche de Noël : montée pastorale avec santons géants et reconstitution le soir de Noël.
- Balades en poney au départ du ranch de Garlaban devant le cimetière : 04 91 68 26 20.

En sortant du parking, monter à gauche la petite route goudronnée. Ignorer à gauche une route vers Chante Collines, et s'élever à petits pas jusqu'à une patte-d'oie : prendre à droite le chemin de Peynaous ①. Descendre la piste cimentée jusqu'au bout puis un petit sentier en face qui rejoint rapidement un sentier balisé jaune provenant de la chapelle d'Allauch. Continuer tout droit ② pour monter jusqu'au col de Puits Rouge en observant les anciennes restanques. Au col (cabane de chasseur à droite), le sentier devient une piste. Y rester et commencer le tour de Tête Rouge par la gauche, le sommet est au-dessus de vous. Vues sur La Treille et Marseille. Après une courte montée, sur votre droite se dévoilent les grottes des Pestiférés. Au fond, le massif de Saint-Cyr et à droite une station GDF. Éviter la piste qui monte raide à gauche, en restant sur la piste principale. Elle passe à proximité de terres rouges (ancienne mine de bauxite). Dans une grande courbe à gauche, amorcer la montée jusqu'au col de Tête Rouge ③. Descendre la large piste face aux antennes. Au loin, devant : la chaîne de l'Étoile. Continuer la descente jusqu'à un croisement : prendre à gauche ④ vers Allauch et retrouver la route puis le parking à droite.

Variante

Du col de Tête Rouge ③, possibilité de monter en aller-retour de 30 min au sommet de Tête Rouge, par un sentier balisé en jaune. Magnifique point de vue.

Le sommet de Taoumé.

ITINÉRAIRE
5 km
2h10
210 m+

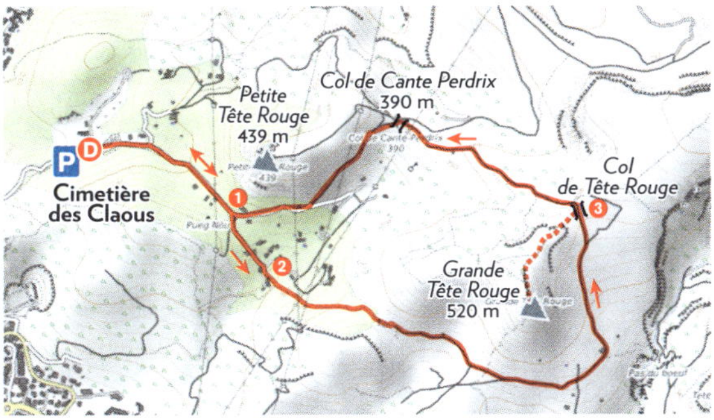

3

LA SAINTE-VICTOIRE

GRANDE DAME AIXOISE DE PIERRE

Il a fait d'elle une quarantaine de peintures, des dizaines de dessins et d'aquarelles. Pour Cézanne, père fondateur de la peinture moderne, la montagne Sainte-Victoire était une source intarissable d'inspiration. Il faut dire que si son plus haut sommet, le pic des Mouches, ne culmine qu'à 1011 mètres, sa silhouette monolithique impressionne. En contrebas du massif calcaire irrigué de sentiers de randonnée, on retrouve chênes verts, chênes kermès et pins d'Alep. Au détour des chemins, son patrimoine religieux se dévoile: le prieuré Sainte-Victoire, ensemble daté du XVIIe siècle et la croix de Provence. Ou l'ermitage Saint-Ser, édifié en hommage à l'ermite Servus. Explorer la Sainte-Victoire est évidemment l'occasion rêvée de (re) découvrir Aix-en-Provence, petite Versailles méridionale à la vie culturelle bouillonnante et haut lieu de l'art de vivre dans le Sud. En témoignent les savoureux vins d'appellation Coteaux d'Aix et les fameux calissons.

Ci-dessus : le lac de Bimont et derrière, la Sainte-Victoire.
© Patrick Mérienne
Page ci-contre : majestueuse montagne Sainte-Victoire (rando n°3).

PRATIQUE

Quand venir

■ De mi-mars à mi-octobre si vous êtes en quête de douceur. En décembre pour l'atmosphère du Noël provençal. Évitez les périodes les plus chaudes. Assurez-vous de l'ouverture de massifs forestiers (voir page 7).

Y aller

■ **En voiture :** de Lyon, descendre l'A 7 direction Marseille puis récupérer l'A 8. Sortie 30a Les Milles/Luynes. De Marseille : A 7 puis A 51, suivre Aix-centre.

■ **En transports en commun :** la gare d'Aix-en-Provence, située dans le centre-ville, est accessible depuis Marseille, Manosque, Sisteron… La gare TGV se trouve à 15 minutes de la ville. Navettes toutes les 30 minutes pour relier la gare routière (centre-ville).

■ **Sur place :** le réseau Aix en Bus dessert Aix et ses villages, Le Tholonet, Saint-Marc Jaumegarde, Venelles et Eguilles. Infos et horaires : aixenbus.fr. Le Bus Zou ! (ligne 110) en direction de Puyloubier mène à proximité des départs des sentiers de randonnée.

Se loger

■ **Hôtel Cardinal :** à deux pas du Cours Mirabeau, cœur battant de la ville, hôtel de charme dans une bâtisse du XVIIIe siècle. Tissus fleuris et mobilier ancien recréent une atmosphère de l'époque. Chambres confortables.

■ **Hôtel Paul :** décoré avec goût dans un esprit design et épuré, cet établissement aux portes de la vieille ville abrite de jolies chambres à un tarif abordable.

■ **Hôtel la Caravelle :** tout proche du Musée Granet, ambiance cosy et bon rapport qualité prix.

3 LA SAINTE-VICTOIRE

ASTUCE RANDO

Pour constituer une réserve d'énergie, je mange des féculents au moins 12 h avant mon départ en randonnée. Dans mon sac, je prévois des collations pour garder le rythme en cours de route : barres de céréales ou fruits secs.

Le sommet du pic des Mouches : table d'orientation et site d'envol.

Envie d'autres expériences ?

■ Au pied de la Sainte-Victoire, le Parc départemental de Roques-Hautes, écrin de verdure réparti sur les communes de Saint-Antonin-sur-Bayon, Beaurecueil, Le Tholonet et Aix, propose 11 circuits permanents de courses d'orientation. Une manière ludique d'explorer, lors d'un jeu de piste carte en main, ce décor naturel hors pair. Il existe des circuits pour chaque niveau. Tous se pratiquent seul, en famille ou entre amis. En savoir plus et télécharger les circuits : https://www.grandsitesaintevictoire.com/pratiquer/activites-plein-air/course-dorientation/

■ Le secteur compte de nombreux itinéraires VTT balisés et tous niveaux, au départ de Vauvenargues, Beaurecueil, Jouques ou Pertuis. Vous pouvez tenter l'aventure par vous-même ou faire appel à un guide accompagnateur. Trouver un itinéraire balisé, un guide et un loueur de vélo : aixenprovencetourism.com/activites-et-loisirs/sports-activites-plein-air/vtt/

■ Pin d'Alep, guêpier d'Europe, ciste cotonneux… Pour découvrir au plus près les espèces naturelles emblématiques du Pays d'Aix, l'Office de tourisme d'Aix-en-Provence recense 14 écobalades, dont 3 dans la Sainte-Victoire : le lac du Bimont, balade à Saint-Antonin l'Oppidum et le pic des mouches. Liste des circuits : https://www.aixenprovencetourism.com/activites-et-loisirs/circuits-et-routes-thematiques/ecobalades-autour-aix-en-provence/

À VOIR / À FAIRE

- Le prieuré Sainte-Victoire et la croix de Provence.
- L'ermitage Saint-Ser.
- Le cours Mirabeau et la vieille-ville d'Aix-en-Provence.
- L'abbaye cistercienne de Silvacane.

COUP DE CŒUR

■ Le parcours nature « Entre garrigue et pinèdes » à La Roque d'Anthéron. À 35 minutes de voiture d'Aix, le village abrite l'abbaye de Silvacane, joyau d'art cistercien.

ENVIE D'AUTRES BALADES ?

■ Au départ du charmant village de Meyrargues, la boucle de Jalaï, balade facile de 10 km, mène à travers les rues bordées de maisons de pierre jusqu'au château médiéval. Puis à une table d'orientation avec vue dégagée sur le Luberon et le mont Ventoux.

Randos n°1, 2 et 3

La croix de Provence et l'oppidum d'Untinos

C'est par le sentier Imoucha que vous allez rejoindre par les crêtes le prieuré et la croix de Provence via les pas de l'Escalette (686 m) et du Moine (767 m). La chapelle Notre-Dame de la Victoire a été édifiée au XIIIe siècle sur un petit replat rocheux puis complété par l'adjonction d'un prieuré au XVIIe siècle transformé en refuge d'accès libre toute l'année. L'ensemble fait l'objet d'une restauration entreprise depuis plus de 40 ans par les Amis de la Sainte-Victoire. Au milieu d'un beau terre-plein caladé, le jardin des Moines, se trouve un joli puits. Depuis la brèche des Moines, taillée au XVIIe siècle pour donner du soleil, un belvédère permet d'admirer tout le sud de la région. Rejoignez vers l'est un peu plus haut la croix de Provence, érigée en 1875, afin de profiter d'un panorama époustouflant. Un peu plus loin vers l'est, gagnez le bord supérieur de la grotte des Hirondelles, curieuse trouée dans la falaise.
L'oppidum d'Untinos date du IIIe siècle av. J.-C. Détruit par les Romains, il restera habité jusqu'au XIe siècle. Il surplombe le site de la Maison de la Sainte-Victoire. Le refuge Cézanne a été édifié par les Excursionnistes provençaux dans les années 1980 sur l'emplacement du hameau du Trou où étaient implantées deux fermes. Le site avec son piton rocheux surmonté d'une croix, l'aire de battage et les ruines de sa chapelle ont été réhabilités récemment.
L'accès à la croix de Provence par la marbrière permet de découvrir l'une des deux grandes carrières de marbre de Sainte-Victoire (l'autre est sur Roques Hautes).
Cette pierre calcaire à la façon du marbre était très appréciée au XVIIIe siècle pour réaliser des parements, des dessus de meubles, des fontaines ou des socles (lions de la fontaine de la Rotonde à Aix). Son exploitation s'est arrêtée vers 1935.

Départ : parking Plan d'En Chois.
Accès : sortie 31 de l'A 8, puis suivre la D 7n vers Saint-Maximin-la-Sainte-Baume et tournez à gauche à Palette vers Le Tholonet (D 64c). Au Tholonet, continuez la route Cézanne (D 17) jusqu'au parking du Plan d'En Chois.
Difficulté : la boucle de l'oppidum ne comporte aucune difficulté. Pour les autres, sentier raide par endroits. Il faut parfois poser les mains mais ce n'est jamais difficile. Petite désescalade dans la descente du pas du Moine. Évitez les grandes chaleurs et le fort mistral. Emportez suffisamment d'eau et soyez prudent surtout dans les descentes sur les sentiers caillouteux.

Vue sur le prieuré et le lac Bimont.

3 LA SAINTE-VICTOIRE

N°1 La croix de Provence par le pas du Moine

Remontez le sentier rouge jusqu'au refuge Cézanne et le site de l'ermitage du Trou 1.

Continuez sur une épaule, passez une petite barre rocheuse et continuez jusqu'à une intersection (546 m) 2.

Poursuivez à droite et passez un petit ressaut (pas d'escalade facile) et remonter le versant occidental, plus rocheux et caillouteux, jusqu'au petit col du pas du Moine (767 m) 3. Restez sur la crête et suivez le sentier bleu, assez raide parfois, puis le GR®9 et gagnez le prieuré de la Sainte-Victoire (888 m).

Visitez ce très beau site et continuez jusqu'à la croix de Provence (946 m). Depuis la croix, le panorama est superbe ! Il est temps de faire une pause casse-croûte. Deux-cents mètres plus à l'est, rejoignez une belle curiosité : la grotte des Hirondelles. Il s'agit d'une curieuse et impressionnante trouée naturelle dans la falaise. Les plus hardis y descendront par une désescalade facile mais sur une roche glissante. Soyez prudent ! Quelques dizaines de mètres plus bas s'ouvre sur la falaise le gouffre du Garagaï profond de 150 m environ. Un sentier (difficile) y passe depuis le bas jusqu'à la crête via la grotte des Hirondelles.

Entamez maintenant la redescente vers le pas de l'Escalette 4. Plus bas, faites à nouveau attention aux glissades dans la descente et retrouvez le refuge Cézanne. Regagnez le parking.

Depuis la Croix, point de vue sur le lac Bimont et la campagne aixoise.

C'est parti pour une superbe randonnée aux couleurs de la Provence.

N°2 L'oppidum Untinos

Remontez le sentier rouge jusqu'au site de l'ermitage du Trou (1). Suivez à droite le sentier marron jusqu'à un bel oratoire très élancé puis gagnez le croisement (580 m) (5).
Prenez à droite le sentier jaune et rejoignez le petit plateau surélevé de l'oppidum Untinos (560 m).
Il s'agit d'un ancien castrum abandonné au xe siècle. Remarquez la curieuse barre du Cengle au sud, remarquable formation calcaire ovale.
Contournez le plateau, longez la falaise orientale et récupérez le sentier qui descend vers le sud jusqu'au bord de la route Cézanne (D 17) (6) que vous traversez.
Poursuivez à droite du parking et rejoignez la Maison de la Sainte-Victoire. Vous y trouverez informations, expositions et rafraîchissements.
Repartez en suivant la D 17 sur 200 p environ et prenez à droite le sentier jaune (balisage parfois pas évident). Croisez un nouvel oratoire et retrouvez le parking.

RANDO N°1
6,7 km
3h45
640 m+

RANDO N°2
6,3 km
2h00
290 m+

RANDO N°3
10,4 km
4h30 à 5h00
850 m+

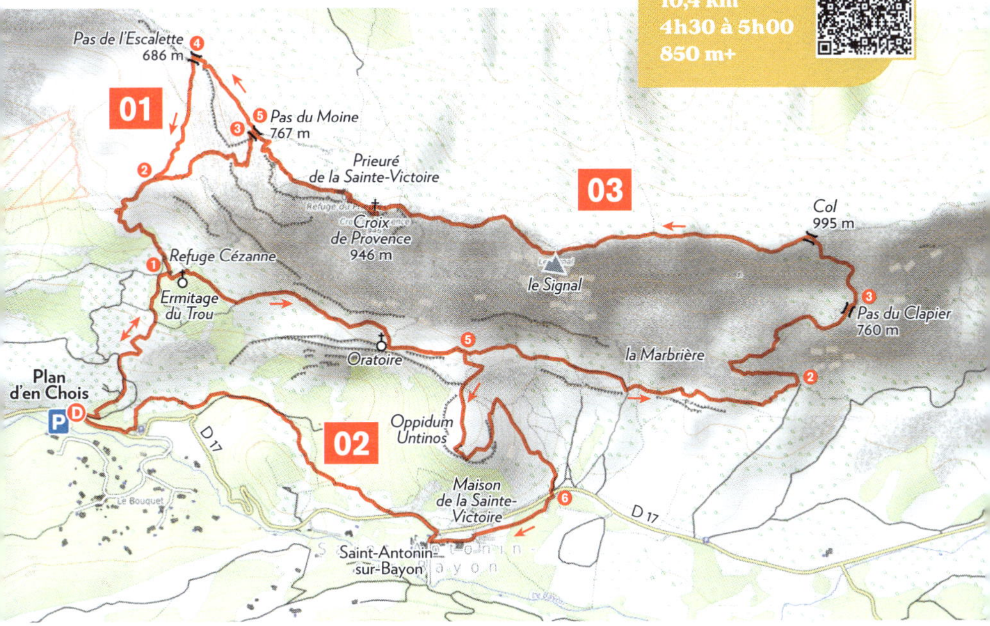

❸ LA SAINTE-VICTOIRE

N°3 La croix de Provence par la Marbrière

Remontez le sentier rouge jusqu'au site de l'ermitage du Trou ❶. Suivez à droite le sentier marron jusqu'à un bel oratoire et poursuivez sur une grande transversale non loin des escarpements au sud et au nord. Croisez le sentier des Deux Aiguilles à gauche qui monte à la croix (difficile) et rejoignez un nouveau croisement de sentier. Prenez le sentier de la Marbrière à gauche (555 m) ❷.
Suivez cette belle piste d'exploitation en restanques vers l'ouest puis vers l'est jusqu'au site d'extraction des blocs de marbre. La carrière fut active de 1851 à 1930. Les blocs étaient sciés grâce à un long fil métallique hélicoïdal puis descendus sur les pierriers à l'aide de treuils dont on peut encore voir les trous d'ancrage. Rejoignez le pas du Clapier (760 m) ❸ via un petit passage facile en cheminée. Repérez à gauche les tracés verts et remontez plein nord les 235 m de dénivelé qui mènent au col à 995 m d'altitude. L'itinéraire est bien balisé et la progression est aisée à condition de poser parfois les mains et de bien mettre ses appuis sur les dalles.
Faites une bonne pause bien méritée, suivez maintenant dans cet étonnant paysage à l'aspect désertique le sentier emprunté par le GR®9 et profitez de chaque point de vue à proximité de ces impressionnantes falaises qui font le régal des grimpeurs.
Croisez la grotte des Hirondelles, la croix de Provence puis le prieuré et rejoignez le pas du Moine (767 m) ❺.
Suivez le balisage rouge de ce sentier pentu en prenant garde aux glissades intempestives et franchissez par un pas de désescalade un petit mur rocheux puis regagnez le refuge Cézanne (440 m) et le parking.

Comment ne pas être inspiré par ces couleurs ?

La Marbière

La Marbrière constitue en soi un bel objectif de balade en AR depuis Plan d'En Chois. Attention toutefois dans la dernière montée vers la carrière avec des jeunes enfants.
AR : 8,8 km • 2h15 • 400 m+.

LA MONTAGNE SAINTE-VICTOIRE

La montagne Sainte-Victoire est un repère incontournable sur la route des vacanciers qui gagnent les plages ensoleillées de la Côte d'Azur et de la Riviera. C'est également un véritable symbole de la Provence à l'instar de la Sainte-Baume ou du mont Ventoux. C'est enfin une œuvre d'art, géologique et artistique comme en témoigne l'attachement de Cézanne pour cette « montagne de lumière ». Son histoire est riche d'évènements avec notamment la découverte d'œufs de dinosaures, la présence d'oppida celto-ligures, de vestiges d'aqueducs et barrages romains ou encore de nombreux lieux de culte des ve au xviie siècles. La diversité de ses paysages et de ses milieux est remarquable du fait de son altitude non négligeable, du contraste entre un adret très pentu, dénudé et fortement érodé et un ubac frais, très boisé et en pente douce. C'est enfin un terrain de jeu exceptionnel pour les grimpeurs de tous poils et évidemment un véritable paradis pour les randonneurs.
Pour tous renseignements et documentations : Maison de la Sainte-Victoire 04 13 31 94 70 www.grandsitesaintevictoire.com

Rando n°4

Le pic des Mouches depuis Saint-Ser

Le secteur oriental de la Sainte-Victoire est le plus minéral. Ici, les sentiers gravissent des pierriers ou des vallons rocheux. L'effort est non négligeable pour atteindre les crêtes, mais la récompense est au rendez-vous avec des points de vue fantastiques sur toute la région depuis les longues crêtes sauvages de ce magnifique « vaisseau de pierre » qui atteint son altitude maximale, 1 011 m, au pic des Mouches. Cette randonnée sera aussi l'occasion de découvrir l'ermitage de Saint-Ser.

Départ : parking de Saint-Ser.
Accès : au Tholonet, continuez la route Cézanne (D 17) jusqu'au parking de Saint-Ser.
Difficulté : randonnée difficile. Soyez très prudent dans la descente raide et caillouteuse du col de Vauvenargues. Évitez les grandes chaleurs et le fort mistral. Emportez suffisamment d'eau.

Pic des Mouches

Suivez la piste rouge. Arrivé au croisement ❶ (464 m), prenez à droite le sentier de la Tine. Ce long sentier oblique ascendant qui traverse des zones rocheuses et caillouteuses parvient jusqu'à un col à 971 m ❷.
Depuis le col, descendez quelques dizaines de mètres afin de gagner le gouffre du Garagaï de Cagoloup (aven karstique). Revenez et suivez sur les crêtes le balisage rouge et blanc du GR®9 jusqu'au point culminant de la Sainte-Victoire, le pic des Mouches (1 011 m). Ce site favorable à l'envol des parapentes est muni d'une table d'orientation et d'une plaque géodésique. Naturellement, le panorama est époustouflant sur les Alpes, les massifs provençaux et le littoral méditerranéen.
Continuez sur les crêtes via le Bau de l'Aigle, le col de Saint-Ser et la brèche de Genty (928 m) jusqu'au col de Vauvenargues (920 m) ❸. Repérez les marques noires sur le gros cairn qui indiquent la direction de la descente. Soyez très prudent en descendant sur les vastes pierriers rencontrés : ils peuvent entraîner lors de glissades involontaires des pierres qui peuvent gêner des marcheurs en aval. Surveillez bien également le balisage noir : on a vite fait de descendre trop bas et les remontées sont pénibles !
Arrivé au croisement (590 m) ❹, continuez à gauche sur le sentier marron qui mène tout près de l'ermitage de Saint-Ser (624 m) que vous rejoignez par un beau sentier empierré.
Un arrêt dans ce magnifique site est tout indiqué pour une pause casse-croûte (table de pique-nique et superbe point de vue). Allez jeter un coup d'œil à la charmante petite chapelle semi-troglodyte et revenez au point 624 m.
Reprenez le sentier rouge, retrouvez le croisement ❶ et rejoignez le parking.

Vers le pic des Mouches.

ITINÉRAIRE
7,3 km
3h15
750 m+

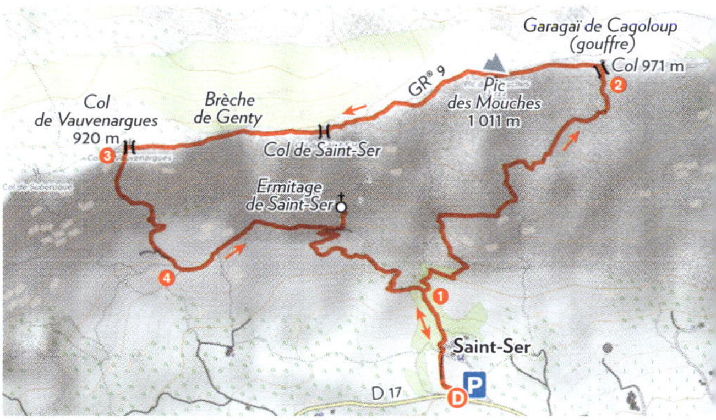

4

CÔTE BLEUE

LA CÔTE SAUVAGE AUX EAUX TURQUOISE

Moins renommée que le Parc national des calanques, la Côte Bleue n'a pourtant rien à lui envier pour qui apprécie les décors naturels aux airs de bout de monde. Depuis le petit port marseillais de l'Estaque, au nord de la cité phocéenne, jusqu'aux portes de Martigues, s'étend un littoral sauvage. Enfilade de criques, petits ports, plages et stations balnéaires à taille humaine surplombés par la chaîne de l'Estaque, la Côte Bleue a séduit les plus grands peintres modernes, dont Cézanne, Derain et Braque. Ces bords de mer paraissent presque insensibles à l'épreuve du temps. Sur ses routes, il n'est pas rare de croiser des troupeaux de chèvres du Rove, espèce emblématique des Bouches-du-Rhône. Leur lait est notamment utilisé pour la préparation de la fameuse brousse. Côté assiette, on se régale aussi de la poutargue, à base d'œufs de mulets séchés, d'oursins fraîchement pêchés et des chichis de l'Estaque, généreux beignets sucrés.

Ci-dessus : **viaduc de la Vesse.** © C. Chillio / CRT Provence-Alpes_Côte-d'Azur
Page ci-contre : **surf à La Couronne.** © C. Chillio / CRT Provence-Alpes_Côte-d'Azur

PRATIQUE

Quand venir

■ Toute l'année (sauf restrictions incendies, voir page 7). Éviter les grandes chaleurs et le fort mistral.
Les oursinades, rendez-vous traditionnels de la Côte Bleue, où l'on déguste oursins et coquillages arrosés de vin blanc sous le soleil d'hiver, se tiennent les trois derniers dimanches de janvier à Sausset-les-Pins et les trois premiers dimanches de février à Carry-le-Rouet

Y aller

■ **En voiture :** de Marseille : prendre l'A 7, puis l'A 55 direction Martigues. Sortie 7 Marignane puis suivre Le Rove. De Montpellier : A 9 puis A 54, puis A 55 sortie 9 Fos-Martigues puis suivre Le Rove.

■ **En transports en commun :** rejoindre la gare de Marseille Saint-Charles, très bien desservie en TGV et TER, puis prendre le TER en direction de Miramas (via Côte Bleue, ligne 7B, une quinzaine de trajets par jour en semaine, un peu moins le week-end).

■ **Sur place :** place au train ! La Côte Bleue se prête particulièrement bien à un séjour « de gare en gare », d'autant qu'emprunter la ligne de chemin de fer, suspendue à flanc de roche, constitue déjà un voyage en soi.

Se loger

■ **La Tuilière, Carry-le-Rouet :** accessible à pied depuis la gare, établissement proche du bord de mer à la décoration moderne et épurée et doté d'une piscine pour se rafraîchir aux beaux jours.

■ **Auberge la Folie, Sausset-les-Pins :** un cadre arboré pour cet hôtel à taille humaine situé en retrait de la ville, qui permet de se loger à un tarif très abordable.

■ **La Bastide des Joncas, La Couronne :** bonne option pour les séjours en groupe pour louer un appartement à prix réduit. Proche de la gare de La Couronne Caro.

❹ CÔTE BLEUE

Envie d'autres expériences ?

■ Ici, les fonds marins sont à l'image des paysages : sublimes ! Rocheux, d'une profondeur de 5 à 50 mètres, ils abritent une flore variée mais aussi langoustes, mérous, barbiers… On y trouve aussi quelques épaves. **Plonger** dans les calanques, abritées du vent, peut se faire en toute saison : l'eau descend rarement sous les 13°. S'informer et trouver un prestataire (à Carry-le-Rouet) : https ://www.otcarrylerouet.fr/fr/decouvertes-et-art-de-vivre/plongee/175-clubs-et-associations

■ Si vous préférez découvrir les petits fonds côtiers depuis la surface, équipez-vous d'un masque, d'un tuba et de palmes pour une session de **snorkeling**. La réserve marine du cap Rousset, accessible par la plage du même nom, s'y prête particulièrement bien.

■ Stand-up paddle, canoë-kayak, wakeboard, voile… La Côte Bleue est aussi le paradis des sports nautiques. Carro constitue d'ailleurs un spot apprécié des surfeurs. S'informer et trouver un prestataire (à Carry-le-Rouet) : https :// www.otcarrylerouet.fr/fr/decouvertes-et-art-de-vivre/plaisance-voile-et-sports-nautiques/271-sports-nautiques

À VOIR / À FAIRE

■ Les calanques de la Vesse, Niolon, la Madrague de Gignac.
■ Visiter l'Espace Fernandel à Carry-le-Rouet, où de nombreuses photographies, lettres et objets de l'acteur sont exposés.
■ Sausset-les-Pins est un agréable village de pêcheurs surplombé par le château Charles-Roux du XIXe siècle. Le marché typiquement provençal, les jeudi et dimanche matin, vaut le détour.

COUP DE CŒUR

■ Le sentier botanique de la Roselière à Sausset-les-Pins : au départ de Sausset-les-Pins, cette boucle d'une heure longe la seule zone humide de la Côte Bleue, site sauvage et préservé où évoluent de nombreuses espèces d'oiseaux.

ENVIE D'AUTRES BALADES

■ Depuis la gare de Carry-le-Rouet, la boucle « entre mer et collines » est une découverte de la chaîne de l'Estaque avec retour par le sentier du lézard, balcon sur la mer.
■ Christophe Pons dans son guide *Balades curieuses sur la Côte Bleue* (éditions Glénat) nous fait découvrir la Côte Bleue dans les moindres détails !

ASTUCE RANDO

Sur la côte méditerranéenne, le soleil peut faire rapidement grimper le thermomètre en journée, y compris au printemps et en automne. Pour réguler facilement la température de mon corps, je porte plusieurs couches de vêtements superposés.

Ci-contre : **plage de l'Erevine (rando n°1).** © Wikimedia Commons / Kallerna
Ci-dessous : **port de la Redonne (randos n°1 et 2).** © Wikimedia Commons / Benjamin Smith

4 CÔTE BLEUE

Randos n°1 et 2

Entre Niolon et La Redonne

La Côte Bleue est cette portion de littoral d'une trentaine de kilomètres à l'ouest de Marseille qui borde le sud de la chaîne de l'Estaque, grande ride calcaire tourmentée est-ouest qui sépare l'étang de Berre au nord et la rade de Marseille au sud. De l'Estaque à Martigues, le littoral et le milieu marin adjacent sont protégés grâce à l'action efficace du parc Marin de la Côte Bleue et de ses réserves marines de Carry-le-Rouet et de Cap-Couronne.
Ce secteur entre Niolon et La Redonne est la partie la plus sauvage de la côte Bleue. L'itinéraire joue à cache-cache avec le petit train qui franchit ici de nombreux tunnels et passe quelques viaducs. Le sentier qui cumule beaucoup de petites montées et descentes croise de belles calanques, peu fréquentées du fait d'un accès parfois difficile, comme celles du Jonquier et de l'Éverine.
Le retour par les collines rejoint un très beau point de vue sur Marseille, la rade, les îles du Frioul et les Calanques. Plus loin, vous pourrez croiser un ensemble fortifié, le Niolon-Haut, abandonné, constitué de batteries militaires construites dans les années 1860-1880.

RANDO N°1
7 km
2h30
290 m+

RANDO N°2
9 km
2h30
250 m+

Départ : gare de Niolon.
Accès : en voiture, sortie 7 de l'A 55, puis suivre la D 568 vers Le Rove, la D 5 vers Ensuès-la-Redonne et la D 48 jusqu'à la gare de Niolon (attention, petit parking).
Par le train, emprunter le TER de la ligne Marseille-Miramas.
Difficulté : chemins caillouteux ou rocheux et nombreux petits dénivelés par le littoral avec des passages glissants ou aériens. Soyez prudents ! Dénivelé, distance et durée, à ne pas négliger si on choisit de faire l'aller-retour par le sentier du littoral ou de combiner les deux randos avec retour en circuit par les collines.

La calanque des Anthénors.

N°1 De Niolon à La Redonne par le littoral

Longez la voie ferrée et suivez à droite le sentier qui contourne la calanque du Jonquier (accès possible par un sentier), laissez le sentier du Fort de Niolon ❶, passez sous une arche du viaduc et suivez à droite une spectaculaire section du sentier très aérienne (prudence !). Croisez une section du viaduc protégée d'un toit) au niveau de la calanque du Riflard puis le gros monticule rocheux du Moulon.
❷ Admirez la magnifique calanque de l'Éverine avec sa plage, sa tour, vestige d'une usine de soude du début du XVIIIe siècle et son île coiffée de divers feux de signalisation.
Passez sous la voie ferrée que vous suivez un moment puis franchissez une petite passerelle qui vous ramène vers une belle portion de sentier bien équipé qui mène vers le spectaculaire cap Méjean puis la vaste calanque de Méjean ❸ et son petit port bien protégé.
Empruntez les chemins du Tire-Cul, de Méjean, des Figuières et l'allée du Port qui mènent à la belle calanque des Figuières via une zone résidentielle.
Suivez au choix le littoral via la plage nudiste parmi les galets et les rochers ou plus haut le sentier qui rejoint la calanque des Anthénors puis la petite route de la corniche qui mène jusqu'au port du hameau de La Redonne. Continuez sur la D 48e, passez sous le viaduc et rejoignez la gare de La Redonne-Ensuès et le train qui vous ramènera à Niolon, à moins que vous ne préfériez rentrer par le chemin emprunté à l'aller ou par les collines (voir rando suivante).

Le sentier entre Niolon et Méjean.

N°2 De La Redonne à Niolon, retour par les collines

Carte page 44. De la gare de La Redonne ④, remontez la D 48e puis suivez à droite le chemin de Montmillan et d'Aubrez. Au niveau du panneau du site protégé (barrière)⑤, prenez la piste qui descend jusqu'au puits Saint-Antoine et qui rejoint plus loin à droite une intersection au lieu-dit «la Violette de le Carbonnier». Suivez cette très belle et large piste montante qui chemine la garrigue. Croisez le sentier qui mène à une table d'orientation et admirez la vue sur les Calanques et les Îles du Frioul. Poursuivez jusqu'au vaste plateau dénudé de la plaine du Sui, où se situaient une ancienne décharge et quelques bâtiments en ruines.

La table d'orientation des Caucarrières.

À l'intersection ⑥, tournez à droite et suivez la piste qui surplombe le vallon du Regadzi jusqu'à une courbe et un nouveau croisement. La piste chemine en contrebas d'un escarpement calcaire et rejoint un carrefour de piste dont l'une mène à droite sur le site du fort de Niolon-Haut édifié fin XIXe siècle.
Au niveau de ces constructions abandonnées, profitez de la vue sur l'Estaque et les Îles du Frioul. En continuant sur le plateau, vous rejoindrez une annexe de ce fort.
Suivez le sentier en contrebas de l'escarpement et gagnez le fond du vallon via un joli pont de pierre. Remontez sur un pierrier vers le viaduc en direction du passage qui vous permet de rejoindre la voie ferrée et la gare de Niolon.

La calanque Méjean.

Randos n°3, 4 et 5

Entre Carry-le-Rouet et La Couronne

Le circuit des collines rejoint les deux gares de Sausset-les-Pins et de Carry-le-Rouet. Il remonte le joli vallon boisé de l'Isle, traverse de beaux vignobles puis revient par le plateau, dans une garrigue basse jusqu'à Carry-le-Rouet, d'où l'on pourra prolonger la randonnée par le sentier littoral.
L'autre randonnée proposée part de la gare de Sausset-les-Pins et suit le littoral pour rejoindre la gare de La Couronne. On y croise de nombreux et intéressants vestiges historiques comme des villages gaulois littoraux à la pointe de l'Arquet et au cap Tamaris. Ils se sont établis dès le début du VIe siècle av. J.-C. afin de faciliter le commerce maritime avec la cité phocéenne. Ils étaient protégés par des fortifications, possédaient une structure géométrique et abritaient de 30 à 40 maisons.
On croise également des carrières de pierre exploitées depuis l'Antiquité pour la construction des principaux monuments de Marseille. Ce sont les sites de la Beaumadrie et de Baoutailla. Les blocs étaient taillés dans un calcaire coquiller tendre et embarqués sur des bateaux grâce à une bordure de rivage surélevée taillée qui servait de quai.

L'Anse de Sainte-Croix.

Accès : en voiture, sortie 8 de l'A 55, puis suivre la voie rapide (D 9) vers Sausset-les-Pins puis la D 5 vers le centre-ville et la gare.
Par le train, emprunter le TER de la ligne Marseille-Miramas.

Difficulté : distance et durée non négligeable pour la randonnée de Sausset à Carry par les collines, chemins caillouteux par endroits et quelques raidillons. En rentrant par le sentier du Littoral, voilà une belle et longue randonnée à la journée ! Les balades littorales de Carry à Sausset ou de Sausset à la Couronne sont accessibles au plus grand nombre. On peut aussi combiner ces deux dernières pour une agréable randonnée qui nous occupera la demi-journée. Chemins caillouteux ou rocheux et nombreux petits dénivelés par le littoral.

La chapelle Sainte-Croix, XVIIe siècle.

N°3 De Sausset-les-Pins à Carry-le-Rouet par les collines

Prenez l'avenue de la Gare, la traverse des Pêcheurs et gagnez le sud-ouest du port. Empruntez le chemin piétonnier le long de la route de la Couronne (D 49) jusqu'à l'anse de Boumandariel. Traversez et rejoignez le parking des Tamaris ❶. Suivez le sentier balisé en jaune vers le nord, contournez le rond-point et prenez à droite le sentier n° 2 balisé en jaune. Après une forte descente caillouteuse, passez sous la voie ferrée puis sous la voie rapide ❷. Remontez l'agréable vallon boisé de l'Isle et débouchez sur la D 5 que vous suivez sur une centaine de mètres. Prenez à droite et traversez le petit hameau de l'Escalette et ses vignes. Continuez en remontant le vallon par une belle piste qui rejoint le plateau et une citerne ❸. Repartez vers le nord-est sur le rebord du plateau par le chemin de Valprête puis plein sud sur les crêtes en direction du port de Carry (attention à la descente caillouteuse !). Repassez sous la voie rapide puis sous la voie ferrée et rejoignez à gauche la gare de Carry-le-Rouet.

La rare et protégée mérendère.

N°4 De Carry-le-Rouet à Sausset-les-Pins par le littoral

De la gare de Carry-le-Rouet, rejoindre le port par l'avenue Pierre Semard. Suivez le sentier littoral, la « piste du lézard », un parcours découverte ponctué de planches de commentaires. Continuez au plus près de l'eau via les anses de la Tuillière, du Grand et du Petit Rouveau et gagnez à droite la gare du Sausset par les boulevards Armand Audibert et Charles Roux.

La Redonne et son port.

N°5 De Sausset-les-Pins à La Couronne par le littoral

Quittez la gare et prenez l'avenue de la Gare, la traverse des Pêcheurs et gagnez le sud-ouest du port. Empruntez le chemin piétonnier le long de la route de la Couronne (D 49) jusqu'à l'anse de Boumandariel. Traversez et rejoignez le parking des Tamaris. Croisez les vestiges d'un village gaulois ①, contournez la belle calanque des Tamaris et rejoignez le sentier littoral. Croisez les deux chapelles de Sainte-Croix du XIIe et du XVIIe siècle, longez l'anse de Sainte-Croix sur un sentier pédagogique en bordure d'un camping et gagnez la petite anse de la Beaumaderie. Repérez les vestiges d'une carrière de pierres et plus loin, sur le plateau, d'un nouveau village gaulois.
Croisez le phare ② et plus loin contournez l'anse du Verdon et sa belle plage abritée. Traversez le grand parking et remontez l'avenue des Vauclusiens, la rue Olivier-Griscelli et celle de la Gare de la Couronne.

RANDO N°3
16,9 km
5h00
270 m+

RANDO N°4
6 km
1h30
20 m+

RANDO N°5
9,5 km
2h20
60 m+

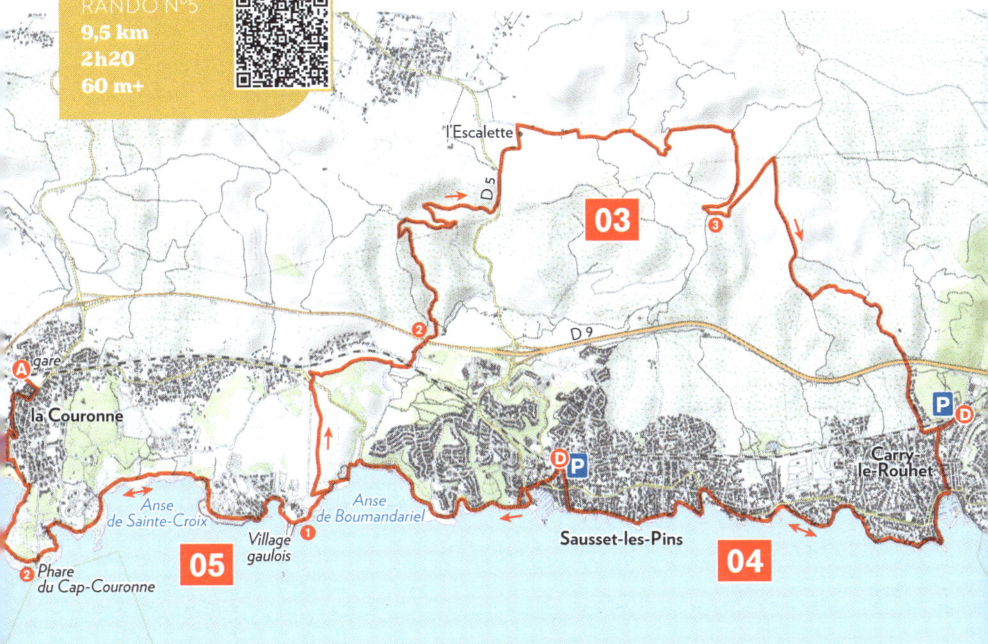

5

ESTEREL • AGAY

UN DÉCOR MULTICOLORE !

Le massif de l'Esterel offre un cadre inédit pour des balades et randonnées hautes en couleurs. Les roches rouge orangé qui le caractérisent se mêlent à la verdure buissonnante de la garrigue comme à celle des pinèdes et viennent plonger dans les eaux bleues de la Méditerranée. De nombreux itinéraires prennent leur départ autour d'Agay pour explorer ce décor unique du Sud et vous mener jusqu'à des points de vue panoramiques à couper le souffle. Après l'effort, le réconfort : randonner depuis Agay, c'est aussi pouvoir se délasser paisiblement dans la mer après plusieurs kilomètres de marche à pied et pourquoi pas diner devant le spectacle d'un coucher de soleil.

Ci-dessus : la baie d'Agay.
Page ci-contre : la baie d'Agay surplombée par le Pilon (rando n°4).

PRATIQUE

Quand venir

■ Dès les beaux jours ! De mars à octobre. Sauf restrictions incendies, voir page 7. Éviter les heures les plus chaudes.

Y aller

■ **En voiture :** depuis l'A 8, prendre la sortie 38 direction Saint-Raphaël / Fréjus-Centre, continuer sur la D 37 (route de Malpasset). Au rond-point, suivre Mandelieu via la DN7. Sur les 7 ronds-points suivants, continuer tout droit sur la D 100. Au 8e rond-point, prendre à gauche sur Bd Jacques Baudinot, puis continuer tout droit sur l'avenue des Golfs et l'avenue du Gratadis, jusqu'à Agay.

■ **En transports en commun :**
– La gare SNCF d'Agay est desservie par les TER du réseau ZOU ! de la région qui longent la Côte d'Azur.
– La ligne de bus estivale 21, qui relie Saint-Raphaël au Trayas, dessert Agay seulement pendant l'été, et la ligne 8 en période scolaire. Consultez le réseau Le Bus pour obtenir les horaires.

■ **Sur place :**
– Pour vous rendre au départ du plateau d'Agay, vous pouvez vous garer au parking public de la pointe de l'Observatoire ou venir avec le bus estival 21, arrêt Villa Dani.
– Pour vous rendre au départ du col des Lentisques, vous pouvez vous garer en voiture au col ou le rejoindre à pied (40 minutes) depuis la gare SNCF du Trayas.
– Le port du Poussaï est accessible directement depuis la gare du Dramont.

Se loger

■ **Hôtel Le Relais d'Agay*** :** cosy et à quelques mètres de la plage d'Agay. 04 94 82 78 20.

■ **Chambres d'hôtes Beija Flor :** idéal pour se ressourcer au calme, tout en étant à deux pas des plages. 06 75 55 48 20.

■ **Plusieurs campings près d'Agay :**
– Le Tikayan – Vallée du Paradis****, situé au bord de la rivière Agay. 04 94 82 16 00.
– Agay Soleil*, les pieds dans l'eau, donnant directement sur la plage. 04 94 82 00 79.

Envie d'autres expériences ?

■ S'il y a bien un endroit depuis lequel on peut profiter de l'incroyable décor de l'Esterel, c'est la mer ! Montez à bord d'un **canoë-kayak**, donnez quelques coups de pagaie vers le large et admirez la côte et ses couleurs tout en étant tranquillement installé dans votre petite embarcation. Plusieurs services de location disponibles : la Base Nautique d'Agay – 04 94 82 71 42, le Beach Club Esterel Aventure – 04 94 40 83 83, Anthéor Aventures – 06 42 51 38 23.

■ La beauté du littoral azuréen existe aussi sous l'eau : **initiez-vous à la plongée sous-marine** pour découvrir les dessous de la baie d'Agay et du cap Dramont, situés au cœur de la réserve du cap Roux, et découvrir toute la diversité de la faune sous-marine locale : barracudas, mérous, chapons… ouvrez grands les yeux ! Sur place, rapprochez-vous du Club de Plongée d'Agay – 04 94 82 02 03 ou d'Agathonis Plongée – 06 16 16 20 96.

■ Les sentiers de l'Esterel ne se parcourent pas seulement à pied, ils sont également un grand terrain de jeu pour le **VTT électrique**. Explorez les canyons et grimpez les sommets pour découvrir des panoramas époustouflants. Pour la location et les randonnées VTT guidées, rapprochez-vous de Passion Esterel – 06 12 29 47 67 ou de Sobike 83 – 04 89 78 12 84.

■ Pour les **amateurs d'escalade**, le massif de l'Esterel est riche en propositions : les falaises du Dramont, la calanque de l'Esterel, la barre de Roussiveau… sont autant de spots sublimes pour vous confronter à la **verticalité des roches rouges** de l'Esterel. Pour plus d'informations, contactez le Club Alpin Français de l'Esterel – 04 94 40 15 04 ou Canyon Azur Escalade – 06 66 78 16 98.

À VOIR / À FAIRE

■ La plage du Débarquement, à l'ouest du cap Dramont, où plus de 20 000 soldats américains débarquèrent le 15 août 1944.

■ Les criques de la Baumette et de l'île des Vieilles : plus petites, plus intimistes et plus sauvages que les plages, elles offrent une baignade dans un décor unique, entouré de roches rouges.

COUP DE CŒUR

■ La vue panoramique sur la mer depuis le Sémaphore de Dramont. Au large, vous apercevrez l'île d'Or, qui a inspiré Hergé pour son album de Tintin intitulé *L'île noire*.

ENVIE D'AUTRES BALADES ?

■ Le Rastel d'Agay, une balade facile de 2h30 au départ d'Agay.

■ Le mont Aigre, une balade de 2h15 au départ du col du Testanier.

Pour plus d'informations, rapprochez-vous de l'office de tourisme d'Agay – 04 94 82 01 85

ASTUCE RANDO

Pendant les beaux jours, il peut vite faire très chaud sur la Côte d'Azur. Pensez à prévoir vos randonnées plutôt le matin pour éviter les gros coups de chaud de l'après-midi. Et surtout, emportez suffisamment d'eau avec vous !

Ci-dessus : petite digression sur la rando n°1 nécessitant de poser les mains !
Ci-dessous : splendides monolithes émergeant de la pinède (rando n°2).

5 ESTEREL • AGAY

ITINÉRAIRE
8,2 km
3h00
270 m+

Rando n°1

Le tour de la pointe du Dramont

Cette randonnée panoramique s'adresse aux amateurs de beaux rivages. De nombreux sites permettent la baignade qui pourra être agrémentée d'intermèdes de snorkeling. De leur côté, les passionnés de Tintin auront tôt fait de reconnaître au large l'Île Noire (visitée par le célèbre reporter dans la BD homonyme) qui ici s'appelle... l'Île d'Or...

L''île d'Or.

Départ : port du Poussaï.
Accès : d'Agay direction Fréjus, suivre la D 559 jusqu'au rond-point faisant suite à la plage du Débarquement. Prendre à gauche la petite route menant au port du Poussaï. Attention, le stationnement est assez problématique compte tenu du nombre de places disponibles. Il est possible de partir de la plage du Débarquement puis de suivre le sentier littoral jusqu'au port.
Difficulté : aucune.

Itinéraire

Du port, s'engager sur le sentier en sous-bois qui débute le tour de la presqu'île. Il suit le rivage et diverses petites sentes permettent des digressions menant au bord de l'eau. La vue sur l'île d'Or est saisissante. Alternant montées et descentes, il gagne la pointe de l'Esquine de l'Ay 1, puis celle du Dramont 2 où une petite halte s'impose à proximité d'une petite arche face à un panorama de premier ordre sur la baie d'Agay (banc). Atteindre la plage de Camp Long 3. De là, prendre la route menant 4 au sémaphore afin de bénéficier d'une splendide vue panoramique sur le littoral. Après cet intermède, revenir sur la piste forestière asphaltée 4 et continuer à l'ouest jusqu'au port du Poussaï.

Port du Poussaï.

LE DÉBARQUEMENT DE PROVENCE

Le 15 août 1944 est le jour décisif ou débarqua le 36e régiment d'infanterie militaire américaine (94 000 soldats) sur la plage du Dramont, date historique symbolisant le débarquement de Provence. De nos jours, une esplanade conçue à la mémoire de ce glorieux fait d'histoire accueille un monument ainsi qu'une barge militaire.

Rando n°2

Le pic d'Aurelle

La montée au pic d'Aurelle est rapide et facile. Ici, l'investissement physique est minime pour jouir d'une vue panoramique de tout premier ordre. L'Esterel reste une valeur « sûre » pour les amoureux de paysages insolites. Au sommet, une belle plateforme permet d'accueillir les promeneurs qui parfois auront un peu de peine à se détacher des lieux tant la vue à couper le souffle retient le visiteur. Les roches rouges illuminent les nombreux monolithes qui émergent d'une végétation qui a recolonisé les pierriers aux teintes parfois mordorées. Le pic surplombe le Trayas qui jouxte les calanques de Maupas que les passionnés de géomorphosites ne manqueront de visiter, lieu enchanteur qui abrite une belle arche naturelle côtière qui transperce la rhyolithe par plusieurs orifices.

Accès : depuis Agay, prendre la D 100 jusqu'au Mas du Rastel. S'engager sur la petite route à droite, puis ignorer la direction du col de Barbe en suivant la piste jusqu'au parking de la Sainte-Baume. De là, poursuivre en passant au col de l'Évêque pour gagner le col des Lentisques.
Départ : parking du col des Lenstiques (263 m).
Difficulté : aucune, cependant prudence au bord des à-pics, notamment avec des enfants.

Itinéraire

Du col, prendre le sentier bien tracé qui s'élève le long de la route. Il suit quelque temps son tracé en surplombant cette dernière. Plus bas, le ravin de Cazal de Bœuf s'immiscie profondément dans les roches rougeoyantes colonisées par une verte végétation méditerranéenne qui font de l'Esterel un site remarquable. Le chemin reste bon enfant, ni trop ennuyeux, ni trop périlleux. Il finit par déposer au sommet où il faut enjamber quelques blocs pour gagner la plateforme panoramique dominant le Trayas.
Pour le retour, s'engager sur le chemin emprunté à la montée pour, peu avant le contournement du sommet des Lentisques, repérer à gauche 1 une sente se dirigeant sur la gauche. Elle prend en écharpe cette proéminence et rejoint sans difficultés majeures la piste à proximité de la Baisse des Sangliers 2. De là, poursuivre à droite et regagner le parking du col des Lentisques.

ITINÉRAIRE
2,1 km
0h50
130 m+

Sur la plateforme sommitale.

Rando n°3

Le ravin de Mal Infernet

Tour des mamelons des Aulnes et de l'Écureuil
La randonnée parmi les roches rouges des ravins du Grenouillet et du Mal Infernet constitue une esthétique incursion dans le massif de l'Esterel. La bonne cohésion de ces roches s'est traduite par la formation de ravins élégants et pittoresques où s'écoulent des ruisseaux dits « en baïonnettes » commandés par la présence d'une faille. Heureusement, les stigmates des incendies passés qui ont défiguré la région ne sont plus visibles ici et la végétation a repris ses droits, mais pour combien de temps encore ? L'arbre de Judée, les pins, l'eucalyptus, les chênes, le châtaignier, les mimosas et autres agaves prospèrent ici parmi les aiguilles de roche rouge et autres monolithes qui rendent ce secteur du Var si singulier. Décor de cartes postales, comme une grande partie du massif de l'Esterel, le ravin de Mal Infernet représente, d'un point de vue biologique, un biotope exceptionnel dû à l'humidité et la fraîcheur surprenante du site. Cette situation est favorable au développement d'une flore insolite sous un climat méditerranéen. Le lac de l'Écureuil a, quant à lui, été en grande partie vidé au printemps 2009 car le barrage, datant de 1969, présentait d'inquiétantes faiblesses.

Départ : col de Belle Barbe (45 m).
Accès : d'Agay, suivre la route de Valescure (D 100). Peu après le camping, prendre à droite (transformateur) la route de la maison forestière du Gratadis jusqu'au col de Belle Barbe. Parking.
Difficulté : sentier du ravin de Mathieu parfois peu marqué, malcommode et envahi par la végétation.

Itinéraire

Du col de Belle Barbe, prendre la piste du ravin du Grenouillet qui remonte le cours d'eau en rive droite. Après une légère descente, il atteint un passage à gué. La piste continue alors en rive gauche pour s'insinuer dans le ravin du Mal Infernet. Le long du parcours se dévoilent de nombreux monolithes dans ce décor où la rhyolite est reine. Franchir de nouveau un gué (point coté 51) 1 pour passer à proximité d'une cascade. Remonter en rive droite du vallon pour atteindre les stigmates du lac de l'Écureuil. De là, poursuivre nord la piste qui contourne le mamelon des Aulnes par sa droite pour déboucher à un petit col entre ce dernier et le sommet des Redonnets (point coté 139) 2. Prendre le sentier peu marqué qui file en direction du Pain de Sucre et qui s'engage dans le ravin de Mathieu. Mal tracé et malcommode sur certaines sections, il rejoint la rive gauche de l'oued pour récupérer l'itinéraire de montée au sud du mamelon de l'Écureuil, au point coté 51 1. Le retour s'effectue par le chemin emprunté à l'aller pour regagner le col de Belle Barbe.

Le lac de l'Écureuil désormais vidé.

Dans le ravin de Mathieu.

ITINÉRAIRE
8,7 km
2h30
120 m+

LA RHYOLITE

Appelée parfois à tort porphyre, cette roche volcanique doit sa couleur aux particules de fer qu'elle contient. Certaines des formations rencontrées sur cette balade accueillent sur leurs parois des pins et autres arbrisseaux dont on se demande comment ils ont pu se développer sur de tels substrats. Quelle leçon de vie !

De nombreux monolithes agrémentent le parcours de leur silhouette singulière.

Rando n°4

Le pic du Cap-Roux

La randonnée au pic du Cap-Roux est l'occasion de découvrir un lieu saint pittoresque connu sous le nom de «Sainte-Baume de saint Honorat». Ce dernier vécut au Ve siècle dans cette grotte avant de fonder le monastère de Lérins en 410. Les nombreuses visites répétées des habitants alentour pour rencontrer le saint homme l'obligèrent à quitter le lieu pour s'installer sur une des îles de Lérins en contrebas, au large de Cannes. Au XVIIe siècle, le frère Laurent Bonhomme investit à son tour les lieux pour une retraite de près de 40 années. Ces cas ne sont pas isolés. Le Var fut au cours des siècles une région propice aux retraites pour des ermites qui désiraient s'isoler et consacrer leur vie à la prière. Avant de pouvoir goûter à la fraîcheur de la baume, il faudra grimper dur sur un sentier raide équipé de mains courantes et passer un porche réalisé au Moyen Âge par les moines afin de sécuriser le lieu saint. Prudence pour les personnes sujettes au vertige ou accompagnées de jeunes enfants un peu turbulents. La vue par l'huis en direction de la mer est propice à la pause photo. La chapelle qui accueille tous les ans une messe dédiée à saint Honorat contient des ex-voto et de nombreux témoignages de fidèles de passage.

La corniche d'Or.

Arrivée aux ruines de la chapelle Saint-Honorat.

Vue impressionnante sur le parking.

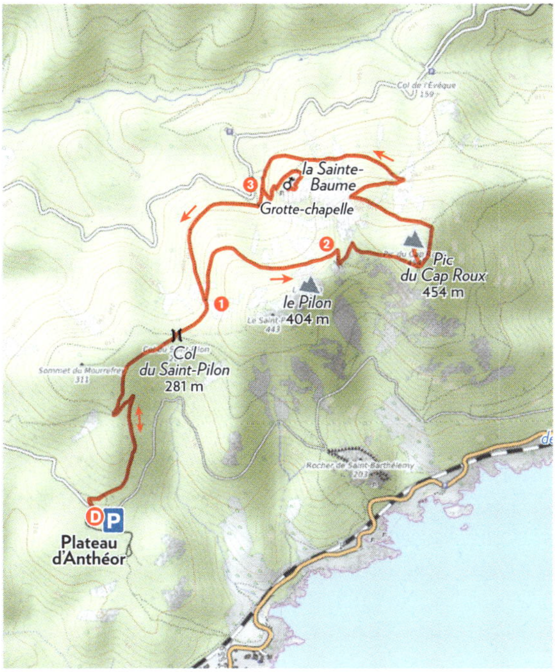

ITINÉRAIRE
7 km
3h00
515 m+

Porche d'entrée.

Départ : plateau d'Anthéor (144 m).
Accès : de la maison forestière de Gratadis (voir randonnée précédente du ravin de Mal Infernet), passer le gué et remonter jusqu'au carrefour du Mourrefrey. Prendre à droite pour passer sous le rocher de Théole et gagner le parking du plateau d'Anthéor.
Difficulté : montée raide pour la Sainte-Baume, passage équipe de barres et mains courantes.

Itinéraire

Du parking, prendre le bon sentier qui s'élève parallèlement à la route puis passe en balcon au-dessus du ravin du Grand Caneiret pour parvenir au col de Saint-Pilon ❶. Poursuivre nord-est pour atteindre une bifurcation au-dessous du Pilon. Prendre à droite le bon sentier qui débouche au col du Cap Roux ❷. Il se poursuit en face sud du pic pour gagner sans difficulté la table d'orientation. La descente s'effectue par le versant nord du pic du Cap Roux.
Il contourne les rochers où sont accrochées les ruines de la chapelle de la grotte Saint-Honorat. Au-dessus du parking de la Sainte-Baume, prendre le sentier de gauche ❸ qui s'élève raide pour atteindre la grotte-chapelle. Le sentier à flanc dans un environnement rocheux est équipé afin de faciliter la progression (barres et mains courantes ; prudence avec des enfants).
Parvenir au porche et descendre quelques marches pour découvrir la grotte en contrebas. Revenir à la bifurcation. S'engager sur le sentier qui file plein sud et qui par la suite contourne le Pilon pour atteindre le col homonyme ❶. De là, par l'itinéraire de montée, regagner le parking.

6

MAURES • GRIMAUD • PORT GRIMAUD

LE CHARME PROVENÇAL PRÉSERVÉ

Recouvert de forêts verdoyantes de chênes-lièges et de pins parasols, le massif des Maures offre un paysage spectaculaire, entre mer et montagne, et les randonnées qui le serpentent mènent à de sublimes points de vue panoramiques sur le golfe de Saint-Tropez. Niché au cœur du massif, le village perché de Grimaud, avec ses ruelles étroites bordées de bougainvilliers et de maisons en pierre aux volets colorés, invite à la flânerie. Au sommet de la colline sur laquelle se trouve Grimaud, le château médiéval domine les alentours et surveille sereinement l'horizon depuis le XIe siècle. Il a vu le décor de la plaine des Maures et du golfe de Saint-Tropez changer progressivement au fil des ans, avec notamment la construction de Port Grimaud à partir de 1966. Surnommée « la petite Venise », cette cité lacustre offre un cadre pittoresque, paisible et riche en couleurs.

Ci-dessus : d'étranges lames redressées ornent le plateau sommital (rando n°2).
Page ci-contre : à gauche, Port Grimaud, et à droite une rue de Grimaud.
© A. Celindano / CRT Provence-Alpes-Côte-d'Azur

PRATIQUE

Quand venir

■ Le golfe de Saint-Tropez est agréable quasiment toute l'année. Bien sûr, il l'est encore plus dès les beaux jours, à partir de mars, et jusqu'à l'automne. C'est aussi la période des bougainvilliers en fleur ! En été, évitez les heures les plus chaudes. Assurez-vous de l'accès aux massifs (voir restrictions incendies page 7).

Y aller

■ **En voiture :** depuis l'A 8, prendre la sortie 36 direction Le Muy et suivre Sainte-Maxime/Saint-Tropez jusqu'à atteindre Grimaud. Depuis l'A 57, prendre la sortie 13 direction Le Luc/Le Cannet des Maures et suivre La Garde-Freinet/Saint-Tropez.

■ **En transports en commun :** Il n'y a pas de gare SNCF à Grimaud. Vous pouvez vous rendre en train dans les gares les plus proches que sont Saint-Raphaël/Valescure, Toulon et Les Arcs/Draguignan.
Depuis ces gares, il faut ensuite emprunter les bus de proximité du réseau Zou ! qui desservent les environs : la ligne qui va jusqu'à Grimaud est la 874. Elle est directe depuis Saint-Raphaël, mais se rejoint avec d'autres lignes depuis Toulon (lignes 878 et 879) et Les Arcs/Draguignan (ligne 872). Retrouvez les détails des lignes et les horaires sur zou.maregionsud.fr/se-deplacer-en-bus/.

■ **Sur place :**
– Pendant la période estivale, de mi-juin à mi-septembre, une navette gratuite est mise en place par la commune de Grimaud pour relier le village à Port Grimaud.
– Pour rejoindre La Garde-Freinet, vous pouvez emprunter la ligne Zou ! numéro 877.
– Pour rejoindre Le Plan-de-la-Tour, le plus simple est de prendre la voiture. Pensez au covoiturage !

Se loger

■ **Chambres d'hôtes et gîtes**
Les Aurochs : une ancienne bergerie transformée en petit paradis paisible et intime, avec piscine, niché au cœur du massif des Maures. 06 60 61 42 22.

■ **Hôtel La Pierrerie :** un mas provençal tout en pierre entouré de verdure, avec piscine, proche de Port Grimaud. 06 13 39 33 18.

■ **Hôtel Le Suffren**** :** situé sur la place du marché de Port Grimaud, face aux canaux et à 200 mètres de la plage. 04 94 55 15 05.

■ **Camping de la Plage :** comme son nom l'indique, il se trouve véritablement au bord de l'eau et offre un cadre idyllique pour planter la tente ou garer le camping-car. 04 94 56 31 15.

Envie d'autres expériences ?

■ Si vous en avez assez de marcher, découvrez le **massif des Maures à cheval** ! Le Ranch de la Mène (06 11 81 11 32) vous emmène en balade autour de Grimaud et dans le massif pour apprécier le paysage en forçant un peu moins…

■ À Port Grimaud, montez à bord d'un **bateau ou d'une petite barque électrique** pour visiter cette cité lacustre. Vous pouvez vous rapprocher des Coches d'Eau (06 73 87 76 84) ou de Barqu'Elec (06 25 27 63 89) pour louer votre embarcation.

■ Des envies de glisse ? Grimaud compte au moins 5 spots de **planche à voile** référencés. Quel que soit votre niveau, vous pouvez contacter Riviera Sailing Water Sports (07 82 15 55 83) ou le Club nautique de Beauvallon (06 17 70 83 53).

■ Le Parcours Cyclable du Littoral Varois, une **Véloroute** de 140 km au total, passe par Grimaud. Louez un vélo chez Grimaud Energy Bike (04 89 99 82 73) ou chez Azurbikes (06 42 36 96 51) et partez en direction de Saint-Tropez ou de Sainte-Maxime pour emprunter la piste cyclable qui longe la mer. Une autre façon de découvrir la beauté du littoral azuréen ! Retrouvez plus d'informations sur le site var.fr/tourisme/pcl.

À VOIR / À FAIRE

■ Le château de Grimaud et le centre historique du village, avec ses ruelles médiévales comme la rue des Templiers. En été, le festival de musique des Grimaldines s'installe dans ce décor authentique et offre un spectacle unique.
■ Le Pont des Fées : ancien aqueduc datant du XVIe siècle, qui permettait d'apporter l'eau au village de Grimaud. Il a été classé « site remarquable » à partir de 1927.
■ L'église de Saint-François d'Assise à Port Grimaud, avec ses vitraux signés Victor Vasarely et son toit panoramique qui offre une vue imprenable sur le golfe de Saint-Tropez.
■ La Maison des Arcades : un lieu d'exposition au cœur du centre ancien dont la façade et la cave sont classées Monuments Historiques.

COUP DE CŒUR

■ La « balade des bougainvilliers » : pendant l'été, les belles fleurs violettes des bougainvilliers ornent les ruelles du village de Grimaud et offrent une balade haute en couleur et pleine de charme. C'est le moment de sortir l'appareil photo et vos plus belles poses !

Ci-dessus : **le confortable chemin menant à la chapelle Notre-Dame-de-Miremer (rando n°1).**
Ci-dessous : **imposant cairn sommital (rando n°2).**

ASTUCE RANDO

Le massif des Maures est une réserve naturelle. Il est donc important de respecter la biodiversité locale et de minimiser votre impact sur l'environnement. Ramenez vos déchets avec vous et ne perturbez pas la faune et la flore qui vous entourent. Ici se cache une star discrète et protégée : la tortue d'Hermann ou tortue des Maures.

ENVIE D'AUTRES BALADES ?

Autour de Grimaud, il existe de nombreuses petites balades faciles pour découvrir le coin à votre rythme.

- Circuit « La Calade » : une balade qui borde la rivière de la Garde et l'ancienne route montant au village en passant par l'oratoire Saint-Joseph.
- Circuit « La Castellane » : une randonnée facile pour découvrir les plaines au sud de Grimaud et atteindre de jolis points de vue.
- Reliez Grimaud à Port Grimaud en suivant le sentier qui mène de l'un à l'autre, en dehors des routes fréquentées.

Rando n°1

La chapelle médiévale de Notre-Dame-de-Miremer

La chapelle médiévale de Notre-Dame-de-Miremer (bâtie au XIXe siècle) est un lieu de pèlerinage où, chaque 8 septembre, se retrouvent de nombreux croyants. Située sur une colline, elle domine la baie de Saint-Tropez. Outre le panorama, le cheminement parmi «les lignes de vues» où poussent quelque 150 figuiers est en tous points remarquables.

ITINÉRAIRE
3,2 km
1h00
140 m+

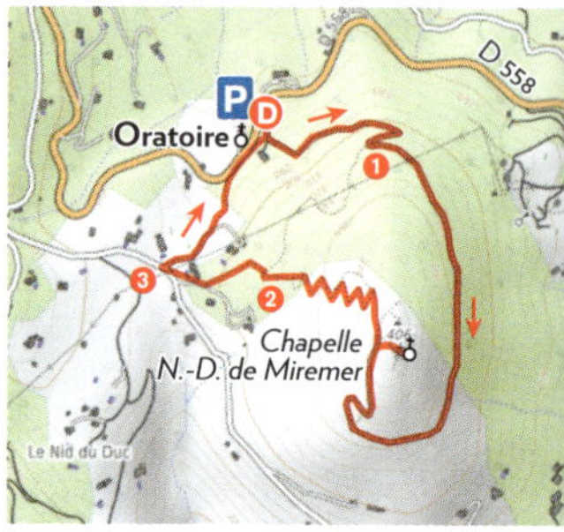

La chapelle médiévale.

Départ : oratoire de Miremer sur la D 558 (263 m).
Accès : depuis Grimaud, prendre la D 558 menant à La Garde-Freinet sur 5,5 km. Un oratoire à gauche (et une citerne à droite) signale le départ de la balade (parking très restreint).
Difficulté : aucune.

Itinéraire

De l'oratoire, prendre la piste qui s'élève plein est pour contourner la colline par le nord. Après deux épingles, elle prend une direction sud 1 pour finalement passer sous la chapelle. Arrivant sur le versant ouest, le chemin effectue quelques lacets et atteint sans problème le sommet de la colline où est érigé l'édifice religieux.
La descente s'effectue par le bon sentier qui dévale le versant ouest en de multiples lacets. Il traverse la végétation parmi les pins, les cistes, les genêts et autres essences méditerranéennes 2. Atteindre une petite route 3. Prendre à droite une piste, puis à gauche un sentier qui s'enfonce dans la végétation pour rejoindre la route départementale en contrebas. Longer cette dernière 4 pour revenir au point de départ de la randonnée.

LE LIÈGE

La bouchonnerie a longtemps été une activité qui a fait prospérer la commune de La Garde-Freinet. Le chêne-liège est le seul arbre au monde dont on peut récolter, sans le blesser ou le tuer, la fameuse écorce avec laquelle on fabrique les bouchons : le liège. L'activité bouchonnière était jadis importante dans les Maures, jouant un rôle prépondérant dans l'économie locale. De nos jours, des visites guidées organisées par des collectivités locales permettent de découvrir le façonnage du liège, un artisanat qui tend à disparaître au fil du temps.

Rando n°2

Les roches Blanches

La Garde-Freinet est un petit bourg perché sur les hauteurs du golfe de Saint-Tropez. Dès la fin du XIIe siècle, on retrouve la trace d'un village fortifié sur les hauteurs du bourg actuel. Cependant, jugé trop loin des voies de circulation, des terres agricoles et des sources d'eau potable, il est progressivement abandonné au profit du col, situé en contrebas, et au XIVe siècle, il n'héberge plus que des missions de surveillance. Finalement, lors des guerres de Religion, il est détruit sur les ordres du maréchal de La Valette, duc d'Epernon et gouverneur de Provence.
Après être passé par les ruines de ce site, l'itinéraire proposé ici va prendre une tournure plus géologique en menant les marcheurs curieux vers un site insolite. En effet, vers 640 mètres au-dessus du golfe de Saint-Tropez et à l'ouest de Notre-Dame-de-Miremer, la découverte d'un long filon de quartz devrait interpeller les passionnés de géomorphologie. Tel le dos d'une baleine blanche, ce dernier émerge du maquis, étincelante échine contrastant avec les roches rousses environnantes.

Départ : La Garde-Freinet (350 m).
Accès : de Grimaud, emprunter la D 558 jusqu'au village de La Garde-Freinet. Au sommet du bourg, prendre la rue de gauche, puis gagner l'église et enfin le petit parking (4, 5 places) au terminus de la rue de la Planète menant sur les hauteurs au nord du bourg.
Difficulté : aucune.

P'tit plus

- Plusieurs restaurants à La Garde-Freinet, dont quelques adresses incontournables Le Petit Freinet (04 94 97 07 68), La Faucado (06 61 58 17 15) et La Cabane (07 82 99 37 67)

Itinéraire

Du petit parking, un sentier très bien balisé mène sans difficultés au fort Freinet en prenant une direction nord. De courts passages, sans être réellement exposés, demandent cependant un minimum de vigilance avec de jeunes enfants. Superbe panorama sur le golfe, le col et la plaine des Maures. Au terme de la visite, redescendre, puis emprunter le sentier balisé en direction de la croix des Maures. Poursuivre plein sud pour atteindre un parking. Traverser la route et s'engager droit dans le sentier qui commence la tranquille montée parmi la végétation jusqu'aux pylônes des Trois Bresques, après être passé près d'un réservoir.
Aux pylônes, continuer sur le large chemin pour enfin parvenir aux roches Blanches qui s'étirent sur un petit plateau. À quelques dizaines de mètres plus haut, un magistral cairn accueille les randonneurs.
Pour le retour, revenir aux pylônes. De là, prendre la piste à gauche qui rejoint la route des Crêtes en contrebas (théoriquement interdite à la circulation). Suivre cette dernière jusqu'au parking, puis gagner de nouveau la croix des Maures. Descendre ensuite directement sur le village (balisage).

La belle veine blanche de quartz.

ITINÉRAIRE
7,4 km
1h45
330 m +

Rando n°3

Le circuit mont Roux, pont des Fées

Les circuits présentés ici sont des promenades sans difficultés majeures permettant d'appréhender les patrimoines naturel et historique au pied du très beau village de Grimaud. Le cheminement dans le vallon où s'écoule la Garde est très agréable. Dans sa partie supérieure, le cours d'eau suit la faille de Grimaud qui scinde une partie du massif des Maures en deux. Selon les saisons, le vallon présente divers paysages propices au développement d'espèces rares et protégées. Des panneaux d'interprétation le long du sentier aident le promeneur à l'identification de la flore. Deux espèces de tortues, la cistude et la tortue d'Hermann fréquentent le secteur où vit également le lézard vert. Par ces caractéristiques naturelles, le site du pont des Fées constitue une zone naturelle d'intérêt écologique, floristique et faunistique. Il est classé depuis 1917. C'est en fait un aqueduc dont l'origine remonte aux XVIe ou XVIIe siècles. L'eau captée sur la colline du mont Roux servait alors à alimenter la fontaine du village située à proximité de l'église.

Le pont des Fées.

Le mont Roux domine le village de Grimaud.

Départ : Grimaud.
Accès : à l'entrée de Grimaud, en venant de Cogolin, prendre à droite la petite route (chapelle Saint-Michel) jusqu'au cours d'eau.
Difficulté : la montée au mont Roux peut être parfois malaisée et raide. En été, à éviter aux heures les plus chaudes de la journée.

Itinéraire

Du parking, remonter le ruisseau tout d'abord sur une bonne piste qui tend peu à peu à s'éloigner de ce dernier. Un sentier lui fait suite et retrouve ensuite le lit du ruisseau pour atteindre, par une agréable piste, l'esthétique pont des Fées ❶. Avec élégance, il enjambe le cours de la Garde.
Traverser le pont pour remonter à travers le maquis les raides pentes sud de l'épaulement sud-ouest du mont Roux. La vue est saisissante sur le château de Grimaud, le moulin et le pont des Fées plus de 100 mètres en dessous. Le cheminement se fait hors sentier mais n'est jamais vraiment problématique. Le côté ludique de la recherche d'itinéraire ajoute un petit plus à cette randonnée panoramique. De temps à autre, une vague sente guide le promeneur vers le sommet coté 169 m. De là, repérer une sente peu évidente et parfois malcommode (buissons épineux) en légère descente qui atteint un carrefour de pistes ❷. Prendre celle assez raide qui grimpe la pente nord-est jusqu'au sommet du mont Roux (354 m). Redescendre jusqu'au carrefour de pistes ❷. Emprunter celle filant à droite pour gagner celle des Vernades qui ramène à Grimaud. Gagner le moulin à vent de Saint-Roch (XVIe siècle) au-dessus du pont des Fées. Continuer par la chapelle Saint-Roch pour revenir au départ.

Variantes

Retour par Grimaud : depuis le moulin, grimper jusqu'au château pour bénéficier d'une large vue sur le village, le golfe de Saint-Tropez et le massif des Maures. Pour finir, revenir par le pittoresque village de Grimaud.
Pour le moulin de Grimaud direct : du parking, suivre le parcours pédagogique (plaques informatives) et avant le pont des Fées, monter en sous-bois par un très bon sentier aménagé jusqu'au moulin. Compter 1h15.

La tortue d'Hermann.

ITINÉRAIRE
6,9 km
2h30
310 m+

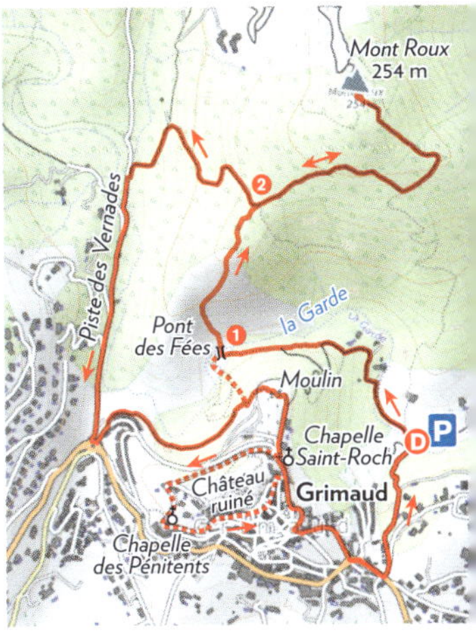

Rando n°4

San Peïre depuis les menhirs de Prat Bourdin

RANDO N°4
9 km
2h45
425 m+

AVEC AR SAINT-SÉBASTIEN
10,8 km
3h15
530 m+

Le départ de la randonnée se situe à proximité du plus oriental des menhirs de Prat Bourdin qui furent découverts il y a peu, lors de travaux agricoles (panneaux informatifs). À partir de là, un cheminement facile mène au pied du petit bastion rocheux final dont l'escalade devrait ravir les plus hardis.

Départ : menhirs de Prat Bourdin.
Accès : à l'est de Grimaud, prendre la D 14 jusqu'à la chapelle de Notre-Dame-de-la-Queste. S'engager à gauche sur la D 44 jusqu'à passer le village de vacances de Reverdi. Peu après Coriolan, prendre à droite le chemin de Prat Bourdin jusqu'aux menhirs (il peut s'avérer judicieux de se garer avant les menhirs car le stationnement est assez problématique dans le secteur).
Difficulté : aucune à part la petite escalade finale qui réclame un minimum d'attention.

MENHIRS

Les mégalithes sont largement présents en Provence et particulièrement dans le département du Var qui compte plusieurs dizaines de menhirs et de dolmens. Le mot menhir vient du terme breton « pierre longue ». On en trouve au Plan-de-la-Tour et dans les communes avoisinantes. Ils ont été taillés dans des roches trouvées sur place par les hommes de la fin du néolithique. On ne connaît pas de manière précise la signification de ces monuments, mais les fouilles archéologiques ont mis en évidence la présence de pierres de calage permettant d'installer ces « pierres levées ». Les menhirs présents ici ont été découverts récemment lors de travaux agricoles.

Vue sommitale sur le golfe de Saint-Tropez.

Itinéraire

Du menhir, rejoindre le carrefour en T vers le point coté 68 ➊. Prendre à droite plein sud sur la bonne piste qui se prolonge par celle du San Peïre jusqu'au col flanqué d'une citerne ➋. Prendre à droite par la piste du relais jusqu'à son épingle la plus au sud, peu avant l'arrivée au relais ➌. Dans l'épingle, monter au sud, puis à l'est jusqu'à la base du rocher du San Peïre. Gagner son sommet par une petite escalade facile.

Revenir au carrefour peu avant la piste du relais. Bifurquer à gauche et descendre au sud par un bon chemin jusqu'à la bifurcation du point coté 328 ➍. Dévaler alors à gauche le raide sentier qui mène à la piste Suane ➎. De cette dernière, remonter jusqu'au col du San Peïre ➋.

Les plus curieux pourront monter plein est tout d'abord, puis plein nord vers le sommet de Saint-Sébastien où subsistent les restes d'un dolmen malheureusement peu photogénique !

De retour au col ➋, s'engager plein nord sur la piste San Peïre qui ramène aux menhirs de Prat Bourdin.

Petite escalade finale bon enfant.

7

MAURES • LA LONDE – BORMES-LES-MIMOSAS – CAVALAIRE

SUR LES SENTIERS DU LITTORAL VAROIS

Le littoral varois offre des paysages contrastés entre plages de sable fin, criques sauvages et caps escarpés. Bordées par la forêt domaniale des Maures d'un côté et par la mer de l'autre, les petites communes de cette portion du littoral azuréen sont des camps de base très agréables pour un séjour au pays du mimosa. Il y a d'ailleurs de fortes chances que vous tombiez sous le charme des ruelles fleuries et typiquement provençales de Bormes-les-Mimosas, qui donnent également accès à de beaux panoramas sur la Méditerranée. Nichée entre mer et vignobles, La Londe-les-Maures offre, elle aussi, un cadre idyllique pour les amateurs de calme et de nature. Réputée pour ses vignobles produisant des vins de qualité, la commune possède de belles plages et constitue une porte d'entrée vers les îles d'Hyères et le Parc national de Port-Cros. Enfin, si vous aimez les activités nautiques et les plages bordées de pins parasols, Cavalaire-sur-Mer aura largement de quoi vous satisfaire.

Ci-dessus : le vieux village de Bormes-les-Mimosas.

PRATIQUE

Quand venir

■ La douceur du littoral varois s'apprécie toute l'année. Vous aurez moins de monde sur les sentiers pendant la basse saison et vous pourrez voir les mimosas en fleurs de janvier à mars. Si vous voulez vous baigner, venez plutôt pendant les beaux jours, d'avril à septembre. En été, évitez les heures les plus chaudes. Assurez-vous de l'accès aux massifs forestiers (voir restrictions incendies page 7).

Y aller

■ **En voiture :**

– En arrivant du nord-ouest, depuis l'A 50, continuez sur l'A 57 puis l'A 570 en direction d'Hyères, puis continuez sur la D 98 en direction de La Londe-les-Maures ou Bormes-les-Mimosas. Pour rejoindre Cavalaire-sur-Mer, continuez après Bormes-les-Mimosas sur la D 559 en direction de Cavalaire-sur-Mer.

– En arrivant du nord-est, depuis l'A 8, prenez la sortie en direction de l'A 57. Pour rejoindre Cavalaire-sur-Mer, prendre la sortie 13 vers La Garde-Freinet/Les Arcs/... Pour rejoindre La Londe-les-Maures et Bormes-les-Mimosas, prendre la sortie D 43.

■ **En transports en commun :**

– Il n'y a pas de gare SNCF à La Londe-les-Maures, Bormes-les-Mimosas et Cavalaire-sur-Mer. Vous pouvez vous rendre en train dans les gares les plus proches que sont Toulon et Saint-Raphaël/Valescure.

– Depuis ces gares, il faut ensuite emprunter les bus de proximité du réseau Zou ! avec notamment la ligne 878 qui dessert cette partie du littoral depuis Toulon et Saint-Tropez et la ligne 873 depuis l'aéroport de Toulon ou Saint-Tropez. Retrouvez les détails des lignes et les horaires sur zou.maregionsud.fr/se-deplacer-en-bus/.

■ **Sur place :**

– Pour se déplacer sur le littoral, empruntez les deux lignes évoquées précédemment (878 et 873). En été, la ligne 886 relie Le Lavandou à Bormes-les-Mimosas.

– Pour rejoindre des points de départ en marge des lignes de bus, la voiture ou le vélo s'imposent !

Se loger

■ **À Bormes-les-Mimosas :** au calme, dans les chambres d'hôtes du Mas de la Tuilière (04 94 71 54 41), près de la plage de Cabasson à l'hôtel Les Palmiers (04 94 64 81 94), au camping au Grand Batailler** (04 94 71 08 41) ou au Camp du Domaine***** (04 94 71 03 12).

■ **À La Londe-les-Maures :** pour un confort haut-de-gamme, rendez-vous au magnifique Château de la Pascalette (04 94 30 30 50), sinon le village vacances des Voiles d'Azur (04 94 92 59 85) propose des prix plus doux. Au bord de la mer : le camping Le Pansard (04 94 66 83 22)

■ **À Cavalaire-sur-Mer :** le charmant petit hôtel Villa Provençale*** (04 94 00 47 90), les chambres d'hôtes avec piscine de la Villa La Clarté (06 24 37 61 81), le camping de La Baie**** (04 94 64 08 15).

7 MAURES • LA LONDE-LES-MAURES – BORMES-LES-MIMOSAS – CAVALAIRE

Envie d'autres expériences ?

■ Sur la mer : à Cavalaire-sur-Mer vous aurez l'embarras du choix pour tester les **activités nautiques** qui vous tentent, du wakeboard au foil électrique en passant par la planche à voile ou la bouée tractée ! Contactez le Yacht-Club de Cavalaire (04 94 64 16 58) ou Session Glisse (06 50 45 91 06).

■ Sous la mer : les eaux de Cavalaire-sur-Mer abritent de nombreuses épaves et sont donc un site remarquable pour la **plongée**. Suivez le sentier sous-marin aménagé ou partez en excursion avec Mio Palmo Plongée (06 08 43 10 98) ou Eau Bleue (06 78 13 35 03).

■ Dans les terres : profitez d'être au cœur du vignoble de Provence, et plus précisément de celui des Côtes de Provence, pour visiter les domaines viticoles alentour et déguster leurs productions. Par exemple, le Château des Bormettes (04 94 66 81 35), le Château Malherbe (04 94 64 80 11) ou le Domaine de la Croix (04 94 95 01 75) organisent des visites guidées.

À VOIR / À FAIRE

■ Le fort de Brégançon, résidence des Présidents de la République, qu'il est possible de visiter à certains horaires.
■ Le magnifique Corso Fleuri de Bormes-les-Mimosas qui a lieu fin février.
■ Le site archéologique de l'Oppidum de Montjean.
■ Les rues fleuries de Bormes-les-Mimosas et le parc Gonzales, dont les 3 000 m^2 abritent plus de 320 variétés de plantes australes.

COUP DE CŒUR

■ La vue panoramique sur la Méditerranée depuis les sentiers qui suivent la Corniche des Maures. Préparez l'appareil photo !

ENVIE D'AUTRES BALADES ?

■ Balade guidée jusqu'à la Maison Foncin, cette majestueuse villa blanche construite au sommet de la pointe du Dattier, qui émerge seule au milieu de la végétation. Visites tous les mercredis avec l'office du tourisme de Cavalaire-sur-Mer.
■ Au départ proche de Bormes-les-Mimosas : le circuit des oratoires jusqu'à Notre-Dame de Constance et la balade autour du lac du Trapan. Il faut compter environ 2 heures pour les deux.
■ Randonnée dans la forêt de Dom : une balade facile mais plus longue (5-6h) qui suit le GR®90 et passe au cœur d'une forêt de chênes-lièges.

ASTUCE RANDO

Le Var est un département particulièrement exposé aux incendies. Si vous fumez, ne jetez jamais vos mégots dans la nature, même éteints, et ne faites pas de feu près des forêts. Pensez aussi à vous informer sur l'accès aux massifs forestiers exposés aux risques des feux de forêts sur risque-prevention-incendie.fr.

Ci-contre : **le sentier du littoral, très agréable, est parfois taillé dans le rocher (rando n°2).**
Ci-dessous : **la crique du Pellegrin à La Londe-les-Maures (rando n°2).**
© S. Le Pelley / CRT Provence-Alpes-Côte-d'Azur

7 MAURES • LA LONDE – BORMES-LES-MIMOSAS – CAVALAIRE

Rando n°1

Le circuit de Bormes-les-Mimosas

Répertorié parmi les beaux villages de France, Bormes-les-Mimosas accueille de nombreux touristes venus goûter aux joies de la découverte d'un patrimoine historique remarquable. Voûtes, venelles, porches et ruelles typiques ponctuent la visite de ce village authentique. La chapelle Saint-François-de-Paule, l'église Saint-Trophyme, le château des seigneurs de Fos ou encore la chapelle Notre-Dame-de-Constance – que nous aurons l'occasion de côtoyer – attestent un riche passé historique. Cette dernière, située à 320 mètres d'altitude, fut construite au XIIIe siècle sur les vœux de Constance de Provence. Pour y accéder, nous emprunterons un singulier chemin de croix jalonné d'oratoires.
Il faut venir en hiver pour profiter de la floraison du mimosa, une sorte d'acacia originaire d'Australie et importé en Europe par le navigateur et cartographe James Cook. 180 variétés de cette essence à l'odeur suave et délicate sont cultivées dans la région et exportées vers divers pays européens. On retrouve également le mimosa dans la composition de savons, de parfums, de divers cosmétiques et produits alimentaires. Attention cependant à ne pas cueillir les délicats et flamboyants rameaux cotonneux, même si l'abondance de cette plante (qualifiée de peste végétale) tend à favoriser cette pratique.

Départ : Bormes-les-Mimosas (154 m).
Accès : du Lavandou, prendre la D 41 jusqu'à la bourgade et laisser son véhicule sur le parking en terrasse situé à proximité de la chapelle Saint-François-de-Paule.
Difficulté : aucune (prudence sur les sections où l'itinéraire emprunte la D 41).

Itinéraire

Depuis le village, prendre le GR®90 empierré qui monte en direction de la chapelle Notre-Dame-de-Constance. Plusieurs oratoires rappellent que l'on emprunte ici un chemin de pèlerinage. Poursuivre jusqu'à l'édifice (315 m). Non loin de là, une table d'orientation occupe un petit moignon rocheux d'où l'on découvre un panorama superbe sur Bormes, le cap Bénat et les îles d'Hyères. Les agaves et opuntias qui poussent contre les murs de pierres de la chapelle donnent un aspect sud-américain au paysage.
Depuis l'édifice, toujours sur le GR®, descendre par une bonne piste jusqu'au col de Caguo-Ven (230 m) **1** après être passé sous une ligne à haute tension, puis à proximité d'une citerne. Peu avant l'oratoire et la

ITINÉRAIRE
14,6 km
5h15
580 m+

Belle vue sur Bormes-les-Mimosas depuis la table d'orientation.

D 41, obliquer tout d'abord à gauche, puis à droite, pour descendre dans le vallon d'Entre-la-Colle pour atteindre un gué (point coté 74) ❷. S'engager sur la piste à droite qui remonte le vallon de Maudroume pour finalement rejoindre la D 41 à la hauteur du point coté 212. Emprunter la D 41 en filant nord vers le col de Gratteloup (200 m). Peu avant ce dernier ❸, prendre à droite le GR®90 qui va au col de Landon. Tout d'abord raide, il chemine ensuite sur la longue et panoramique échine du Roussel. De beaux points de vue se dévoilent, à gauche sur le massif des Maures et à droite sur le rivage méditerranéen et les îles d'Or. Au col de Landon (380 m) ❹, obliquer à droite sur la piste bétonnée, puis franchir la route des Crêtes pour enfin descendre raide sur un sentier qui s'engouffre dans le vallon de Pré de Roustan. Traverser un gué pour atteindre une citerne. Continuer sud-ouest dans le vallon de Landon pour passer successivement à proximité de deux carrières. Franchir un dernier oued pour rejoindre le cimetière de Bormes-les-Mimosas, puis le point de départ.

Rando n°2

Sentier du littoral de la plage du Pellegrin à la plage de Cabasson

Le fort de Brégançon est un lieu de villégiature du président de la République française. Il est ouvert aux visites depuis juin 2014 à l'initiative de François Hollande. Originellement situé sur une île, bâti sur un piton rocheux, l'édifice fut relié au continent par une jetée dont la construction fut ordonnée par le général de Gaulle.
Les visites sont encadrées et sont assujetties à une réservation préalable. La navette qui conduit les visiteurs au fort doit cependant traverser un territoire appartenant au Grand-Duché du Luxembourg, ce qui implique quelques règles diplomatiques qui doivent être dûment respectées.
Concernant la randonnée, on ne peut que rester reconnaissant aux gabelous du Premier Empire qui, traquant sur les côtes le trafic du sel, ont laissé les fameux sentiers des douaniers fort appréciés des touristes qui parcourent les rivages varois.

Départ : plage du Pellegrin.
Accès : à la sortie du Lavandou en direction de Toulon, prendre à gauche la D 42a jusqu'au carrefour avec la D 42d. Bifurquer alors à droite, contourner le château de Brégançon et poursuivre en direction de La Londe-les-Maures. Peu après Léoube, obliquer à gauche la piste menant au parking de la plage du Pellegrin (payant).
Difficulté : aucune.

Le pin couché rencontré au début de la randonnée.

7 MAURES • LA LONDE – BORMES-LES-MIMOSAS – CAVALAIRE

Le fort de Brégançon.

P'tit plus

- Plages et criques de toute beauté invitant à la baignade.
- Site géomorphologique de « la Molaire ».

Itinéraire

De la plage du Pellegrin, gagner la pointe homonyme. Le sentier balisé en jaune est très agréable et mène tranquillement et oisivement jusqu'aux ruines de l'ancienne batterie du cap de Léoube ①. Un pin qui pousse horizontalement barre le sentier et oblige « ludiquement » à se baisser pour s'affranchir de cette curiosité naturelle. Plus loin, remarquer sur le rivage une arche au pied d'un piton rocheux dont la forme rappelle celle d'une molaire. Atteindre les ruines de l'ancienne fortification datant de 1879. Après cette digression, poursuivre sur le bon sentier pour gagner la plage de l'Estagnol, ceinte de pins majestueux et dont les eaux turquoise invitent à la baignade. La suite est tout aussi splendide, le chemin traversant de somptueuses criques aux eaux dont la couleur n'a rien à envier à celle des eaux caribéennes. Dans ce secteur, l'itinéraire passe en lisière de zones de régénération naturelle protégées par des palissades (ganivelles) et des clôtures. À la pointe de l'Estagnol ②, la vue est magnifique sur les îlots homonymes et le fort de Brégançon. La suite est toujours une ode à l'enchantement. Le sentier parcourt d'accueillantes plages de sable fin et plusieurs criques ourlées d'écume scintillante. Après la pointe de la Vignasse et son petit port, le sentier atteint la plage de Cabasson d'où la vue sur le fort et la presqu'île de Brégançon est très photogénique. Dieu que les rivages de la Méditerranée sont beaux ! Retour par le même itinéraire.

ITINÉRAIRE
14,4 km
4h30
80 m+

Rando n°3

Le rocher du Drapeau du Fenouillet

La randonnée débute à proximité d'une belle bastide blanche perchée sur une colline bien visible autant des terres que de la mer. Le domaine fut acquis par le géographe et écrivain cofondateur de l'Alliance française, Pierre Foncin, en 1890. Ce géographe renommé a grandement contribué à la mise en valeur des Maures et de l'Esterel, régions peu connues à cette époque. Une collection de ses ouvrages est conservée à la bibliothèque de Cavalaire-sur-Mer. La bastide fut érigée en 1894 au cœur d'une forêt de chênes-lièges, alors exploités pour leur écorce particulière. C'était un lieu de villégiature pour la famille qui venait s'y reposer en prenant le train, aujourd'hui disparu, des Pignes (liaison ferroviaire entre Saint-Raphaël et Hyères inaugurée en 1890). Pierre Foncin décéda en 1917 et ses deux filles continuèrent de séjourner épisodiquement au domaine. Ce n'est qu'en 1975 que Mireille, l'une des deux héritières, s'installa de manière permanente à la bastide. Cependant, en 1977, elle fit don du domaine au Conservatoire du littoral dans le but de sauvegarder ce lieu des convoitises et des projets immobiliers. Selon les vœux de sa donatrice, il resta protégé et intact, laissant à la nature tous ses droits. Elle décéda en 1996 et, depuis cette date, le Conservatoire du littoral s'attache à garder l'esprit dans lequel le domaine a été cédé, à savoir la protection de la nature.

Départ : épingle sur D 559.
Accès : à la sortie sud de Cavalaire-sur-Mer, 750 m après le carrefour de la route menant au Dattier (à gauche), stationner à gauche dans l'épingle (55 m, piste sur la droite, barrière).
Difficulté : aucune.

Itinéraire

Carte page 81. L'itinéraire débute en rive droite du ruisseau du Fenouillet (le nom provient de « fenouil », plante très abondante dans le vallon). En quelques lacets, il remonte la croupe du Haut du Dattier pour rejoindre une piste menant au col de l'Étoile (227 m). Du col ❶, poursuivre nord-ouest pour atteindre un sentier partant sur la droite en direction du Drapeau. Un peu escarpé, il mène au poteau métallique sommital. Selon le passage emprunté, une petite escalade ludique et bon enfant agrémente cette section. Redescendre vers la piste pour continuer nord-ouest et parvenir à la route forestière des Pradels ❷. S'engager à droite sur cette dernière. L'itinéraire, très panoramique, offre de belles vues sur Cavalaire et la pointe du Dattier. Peu après une citerne située sur la droite, prendre la piste ❸ qui descend raide en versant ouest du cirque du Fenouillet. Il passe à proximité d'une autre citerne, puis dévale en direction de l'ancienne déchetterie parmi les arbousiers. Belle vue sur la mer et la maison Foncin. Retrouver le ruisseau et le fond du vallon. Sur la gauche, quelques palmiers dattiers ont poussé sur le site de la déchetterie, ce qui rend leur présence assez surprenante en ce lieu. Suivre la piste pour revenir sans équivoque à l'épingle du Dattier.

ITINÉRAIRE
6,9 km
2h00
280 m+

Court passage escarpé à l'approche du sommet.

7 MAURES • LA LONDE – BORMES-LES-MIMOSAS – CAVALAIRE

Rando n°4

Le sentier littoral de Bonporteau

Cette agréable balade le long du littoral au sud-ouest de la station balnéaire de Cavalaire-sur-Mer conduit à l'incontournable Domaine du Rayol et ses jardins évoquant diverses régions du monde.

Le bâtiment principal du domaine du Rayol.

Départ : Cavalaire-sur-Mer.
Accès : sur la D 559, reliant Cavalaire à Cavalière, garer son véhicule peu après le rond-point à proximité du camping de Bonporteau, le long de la route. Le départ se situe de l'autre côté de la D 559.
Difficulté : aucune.
Info : le retour peut s'effectuer par bus (ligne Toulon à Saint-Tropez, tarifs attractifs, 3 euros). Se renseigner sur les horaires en vigueur.

DOMAINE DU RAYOL

En 1910, un homme d'affaires, Alfred-Théodore Courmes, décide de s'installer pour sa retraite au Rayol et fait construire sa demeure parmi les bruyères et les arbousiers. Peu à peu, des essences plus exotiques sont plantées autour de la bâtisse. En 1940, le domaine est vendu à l'avionneur Henri Potez qui vient se réfugier dans le Var. Des travaux y sont entrepris et de superbes réalisations ajoutent un charme incontestable à la propriété, dont la superbe descente d'escalier au-dessous de la pergola. La Seconde Guerre mondiale terminée, le domaine n'est plus qu'une résidence d'été peu à peu laissée à l'abandon. La situation et le piètre état de la propriété sont propices aux spéculations et autres inquiétants projets touristiques. Les prédateurs rôdent. Faut-il laisser une fois de plus défigurer la côte méditerranéenne ? Heureusement, grâce à la mobilisation des défenseurs de l'environnement, le domaine est acquis par le Conservatoire du littoral en 1989. Le paysagiste du site propose alors de créer plusieurs petits jardins évoquant diverses régions du monde. C'est ainsi que, durant la visite, on peut au fil de l'itinéraire pédagogique rencontrer des fougères arborescentes, de nombreuses cactées, des euphorbes, le célèbre Joshua tree, une surprenante bambouseraie ou encore des cycas. Petit poumon végétal préservé, cet écrin de verdure rencontre un succès mérité. (Source : domaine du Rayol)

La plage de Bonporteau.

P'tit plus

- Visite du jardin botanique.

Itinéraire

De la route, prendre le chemin qui descend à la plage de Bonporteau. Dans le vallon du Fenouillet, poursuivre tout d'abord à droite puis monter à gauche pour bientôt surplomber la belle page de sable fin. Continuer sur le sentier littoral en crête qui flirte parfois avec les falaises (tout le long, des sentes parfois discrètes mènent à de beaux points de vue). Le cheminement est agréable parmi les plantes odoriférantes. La vue vers le large est magnifique notamment sur les îles d'Or. Le sentier conduit tranquillement à un oratoire portant la devise *Estelo de la mare prega per nostre*. Ne pas manquer le belvédère et son panneau informatif. Il descend ensuite sous la maison Foncin en direction de la pointe du Dattier, puis passe en versant sud-ouest pour bientôt s'élargir et mener tranquillement au lieu-dit le Dattier. De là 1, suivre la bonne piste qui mène sans ambiguïté au village du Rayol où est situé l'incontournable jardin botanique qui mérite une visite.

ITINÉRAIRE
8,2 km
3h00
270 m+

Rando n°5

Le sentier littoral de cap Lardier

Le cap Lardier est l'un des trois caps de la presqu'île de Saint-Tropez. Il est le plus méridional, étant situé à la même latitude que le cap Corse. Classé au titre de la loi de 1930, c'est celui qui possède la frange littorale la plus longue (6 km). C'est en 1978 que furent acquises les premières parcelles du site. Ce dernier est cogéré par le Parc national de Port Cros et la commune de La Croix-Valmer. L'achat de ces terres naquit d'un constat dramatique. Ce secteur de toute beauté était victime à la fois de décharges sauvages et de nombreuses dégradations dues aux passages fréquents de véhicules tous terrains et autres motos.
De nos jours, cet endroit paisible et réglementé accueille de nombreux promeneurs venus profiter d'une nature intacte et remarquable à divers égards. Sur les 300 hectares que comporte le domaine, près de 500 espèces – dont une trentaine à forte valeur patrimoniale – se développent et offrent des paysages typiques du rivage méditerranéen. Les sous-bois et le maquis servent de refuge à de nombreuses espèces d'animaux. La localisation géographique de ce cap en fait également un lieu très prisé des oiseaux migrateurs après la grande traversée méditerranéenne. L'extrémité sud, classée Réserve biologique (Parc national de Port-Cros), reste strictement interdite aux promeneurs (présence de nichoirs et autres installations à l'usage des volatiles).
Depuis Gigaro, notre randonnée est rythmée par le chant des cigales. Et la vue sur le rivage au soleil couchant est, à n'en point douter, un moment magique…

Départ : plage de Gigaro.
Accès : de La Croix-Valmer, emprunter la D 93. Peu après, la route partant à gauche en direction de la Galiasse, s'engager à droite sur la petite route menant à Sylvabelle. Au rond-point, prendre la direction de Gigaro jusqu'à la plage. Parking payant le long de cette dernière et parc automobile dans la rue débutant à gauche au Spar.
Difficulté : aucune
Avertissement : les plages ne sont pas dotées de poubelles. Il est donc impératif de ramener ses déchets personnels. La baignade est sous l'unique responsabilité des visiteurs. La pratique du naturisme semble tolérée, y compris les mois d'été. Enfin, concernant les animaux domestiques (principalement les chiens), l'accès au site est réglementé.

P'tit plus

- Baignade, snorkeling.

La belle pinède de pins parasol au-dessus de la plage du Brouis.

Vieux gréement dans la baie de Cavalaire-sur-Mer.

Itinéraire

De l'extrémité est de la plage de Gigaro, prendre le sentier qui débute sous les eucalyptus (chalet information, panneaux explicatifs). Il s'approche peu à peu du rivage et le suit en direction du sud-est. La vue est dégagée sur les Îles d'Or. Au bout de 800 m, il évolue non loin de l'îlot du Crocodile (petite île à la forme évocatrice), puis il atteint la plage du Jovat, petite anse où la baignade est possible (présence fréquente de nudistes). Continuer en épousant les irrégularités du bord de mer pour prendre peu à peu de la hauteur. Après une rude grimpée, le sentier, flanqué de marches, descend raide et mène à la belle plage du Brouis ❶ en passant à proximité de la discrète arche homonyme. Cette anse de sable fin, frangée de pins parasols, est propice à la baignade et au snorkeling (présence fréquente de personnes pratiquant le naturisme). Traverser cette dernière en longeant la palissade aidant à fixer le sable. Il est demandé aux visiteurs de ce lieu paradisiaque de bien respecter les ganivelles de protection qui permettent à la végétation de s'épanouir sereinement. Peu après, le chemin (consolidé par endroits) grimpe à proximité des falaises en direction d'un vaste plateau boisé. Continuer parmi le maquis odorant où s'élèvent pins parasols et pins d'Alep. Descendre en direction de cap Lardier (Réserve biologique). ❷ Le sentier s'oriente alors au nord-est et devient ponctuellement plus escarpé. Avant d'atteindre cap Taillat, sur la plage de Briande, emprunter la piste à gauche ❸ qui mène au hameau de la Bastide Blanche. De là, s'engager encore à gauche sur le chemin qui s'insinue dans le petit vallon en direction du sud-ouest. Il finit par rejoindre la plage du Brouis. Peu avant cette dernière ❹, prendre à droite la large piste forestière de Gigaro qui musarde sur les hauteurs parmi le maquis et la pinède. Ici, de nombreux nichoirs ont été installés. Après avoir effectué une petite grimpée à proximité de fiers et imposants eucalyptus, le chemin ramène tranquillement au point de départ en passant à proximité de la maison du Parc national de Port-Cros.

Cap Taillat en AR

Du point ❸, il suffit de suivre le littoral jusqu'au cap.

Entre la plage du Brouis et l'anse de Jovat.

RANDO N°5
10,4 km
3h00
250 m+

AVEC CAP TAILLAT EN AR
13,5 km
3h45
300 m+

8

SAINTE-BAUME

LA FORÊT ENCHANTÉE

Véritable écrin de verdure au milieu de la Provence, le massif de la Sainte-Baume abrite une géologie remarquable avec des falaises abruptes et des paysages karstiques, une forêt dense peuplée de toute une variété d'espèces végétales et des sources d'eau dont la ripisylve forme des décors magiques. D'ailleurs, la Sainte-Baume est aussi connue pour son atmosphère mystique et féerique, nourrie d'histoires et de légendes en tout genre. La plus sacrée d'entre elles reste celle de sainte Marie-Madeleine, qui aurait vécu en ermite dans une grotte du massif, érigée depuis en sanctuaire et devenue un haut lieu de pèlerinage. S'aventurer dans la Sainte-Baume, c'est aussi bien s'enfoncer dans les mystères et les sous-bois que s'élever jusqu'à des points de vue à couper le souffle, en passant par la découverte d'édifices historiques dont chaque histoire vaut la peine d'être entendue.

La face sud-ouest du pic de Bertagne.

PRATIQUE

Quand venir

■ Le massif de la Sainte-Baume s'apprécie toute l'année, mais il sera certainement plus agréable de se balader dans ce paradis naturel à la période des beaux jours, d'avril à octobre. En été, évitez les heures les plus chaudes. Assurez-vous de l'accès aux massifs forestiers (voir restrictions incendies page 7).

Y aller

■ **En voiture :**

– Depuis l'A 8 : prendre la sortie 23 vers Saint-Maximin-la-Sainte-Baume/Auriol et suivre la D 560 puis la D 80 jusqu'à Nans-les-Pins ou Plan-d'Aups-Sainte-Baume.

– Depuis l'A 52 : prendre la sortie 33 vers Roquevaire/Auriol (...) et suivre Auriol, puis prendre la route de la Sainte-Baume (D 45A) jusqu'à Plan-d'Aups-Sainte-Baume ou prendre la D 560 et suivre la direction de Nans-les-Pins.

– Pour rejoindre Gémenos, prendre la sortie 34 de l'A 52 en direction de Gémenos.

■ **En transports en commun :**

– Il n'y a pas de gare SNCF à Nans-les-Pins, Plan-d'Aups-Sainte-Baume ou Gémenos. Vous pouvez vous rendre en train jusqu'à Aubagne, qui est la gare TER la plus proche.

– Depuis Aubagne, il faut ensuite emprunter les bus de proximité du réseau Zou ! pour rejoindre Nans-les-Pins (ligne 92) ou Gémenos (ligne 7). Retrouvez les détails des lignes et les horaires sur zou.maregionsud.fr/se-deplacer-en-bus/. Pour rejoindre Plan-d'Aups-Sainte-Baume, il vous faudra prendre un car du réseau Mouvenbus depuis Nans-les-Pins (lignes 114 ou 214). À noter qu'il s'agit de navettes scolaires, il faut donc bien penser à vérifier la période et les horaires. Plus d'infos sur www.caprovenceverte.fr/.

■ **Sur place :** pour vous déplacer facilement entre les communes de la Sainte-Baume et les différents points de départ des randonnées, la voiture reste le plus pratique.

Se loger

■ **À Nans-les-Pins :** en chambres d'hôtes à la Villa Pomponette (06 29 23 25 01) ou à la Grande Maison de Nans (06 29 62 31 85), toutes deux proches du centre, ou bien au camping Marvilla Parks**** (04 30 17 20 51).

■ **À Plan-d'Aups-Sainte-Baume :** dormez directement au sein du Sanctuaire de la Sainte-Baume, dans l'hostellerie tenue par les frères dominicains (04 42 04 54 84 ou www.saintebaume.org/hostellerie/) ou dans un hébergement plus classique comme le Logis Hôtel Lou Pèbre d'Aï (04 42 04 50 42) ou bien dans une ambiance plus champêtre à la Maison Rouge (06 72 74 70 47).

■ **À Gémenos :** dormez tout près du départ des balades, à l'Hôtel du Parc (04 42 72 98 12) ou juste à côté, au Manoir de Gémenos (04 88 42 63 67). Sinon d'autres hôtels, comme Le Provence (04 42 32 20 55), proposent des chambres à des prix intéressants.

8 SAINTE-BAUME

À VOIR / À FAIRE

- Les sources de l'Huveaune et leur ambiance féerique.
- Le Sanctuaire de la Sainte-Baume, aussi appelé Grotte de Sainte-Marie-Madeleine, pour son histoire fascinante et son architecture unique, construite à même la roche.
- La Maison du Parc départemental de Saint-Pons et l'abbaye cistercienne.

Envie d'autres expériences ?

- Le massif de la Sainte-Baume abrite quelques **beaux sites d'escalade**, avec plusieurs secteurs au-dessus de Gémenos (la Cour des Miracles), mais aussi le réputé spot des Béguines, près de Plan-d'Aups. Pour vous initier ou vous accompagner, trouvez des prestataires sur www.la-provence-verte.net/ot_nanslespins.

- Vous aimez grimper, mais plutôt **dans les arbres** ? Alors rendez-vous au Royaume des Arbres (07 68 67 47 89), à Auriol, pour un parcours d'aventure au cœur de la forêt de pins.

- Que ce soit pour se balader tranquillement sur un **vélo à assistance électrique** ou pour dévaler les pentes en **VTT**, la Sainte-Baume offre de jolis itinéraires à travers sa verdure et ses reliefs. Trouvez des prestataires sur www.la-provence-verte.net/ot_nanslespins.

COUP DE CŒUR

- La vue panoramique du col de l'Espigoulier, sur la forêt et les falaises de la Sainte-Baume, mais aussi sur Marseille. On y accède notamment par une route connue pour ses nombreux lacets.

ENVIE D'AUTRES BALADES ?

- Plus au nord, près de Saint-Zacharie, plusieurs itinéraires de randonnées vous emmènent à la découverte d'autres trésors de la Sainte-Baume, comme les sources de Nayes ou la forêt du Defens.
- À partir de Gémenos, le vallon de Galère porte mal son nom puisqu'il offre de jolies randonnées pas trop difficiles ! Sinon, du côté du vallon de Saint-Clair, au départ de Saint-Jean-de-Garguier, vous pouvez rejoindre la chapelle Saint-Clair, d'où vous pourrez profiter d'une belle vue sur les environs.

ASTUCE RANDO

Les espaces naturels que vous allez découvrir au cœur de la Sainte-Baume sont aussi sublimes que fragiles. Il est donc essentiel que chacun respecte les bons gestes pour préserver ces endroits magiques, notamment en restant sur les sentiers balisés et en faisant attention à bien ramasser ses déchets. La nature vous dit merci !

Ci-dessus : **grotte Sainte-Marie-Madeleine (rando n°1).** © Wikimedia Commons / René Hourdy

Ci-dessous : **la Sainte-Baume depuis le pas de la Cabre (rando n°1).** © Wikimedia Commons / Imac. Vincent

8 SAINTE-BAUME

Randos n°1, 2 et 3

Dans le cœur du massif de la Sainte-Baume, vous allez croiser des sentiers historiques empruntés par de nombreux rois, ponctués d'oratoires, de chapelles ou de fontaines. Le chemin des Roys vous mènera jusqu'à la célèbre grotte Sainte-Marie-Madeleine, mais également sur la crête, à 994 m d'altitude, lieu où est édifiée la chapelle du Saint-Pilon. Vous redescendrez vers l'Hostellerie de la Sainte Baume via l'énigmatique grotte aux Œufs.
Plus au nord, le chemin des Roys et ses trois oratoires mènent à la ville de Nans-les-Pins. Vous passerez près du vieux village médiéval puis remonterez en suivant le modeste fleuve Huveaune qui prend sa source dans un magnifique amphithéâtre boisé. Vous cheminerez près d'un ensemble de vasques et bassins naturels formés par les dépôts de travertins (roche sédimentaire calcaire) qui forment une incroyable et magnifique série de lagons aux eaux turquoise.
Enfin, un circuit plus sportif vous fera passer d'ouest en est par une très longue portion de la crête sommitale de la Sainte-Baume, offrant des panoramas à couper le souffle, puis vous fera revenir en contrebas par le « Sentier Merveilleux » à travers splendide forêt relictuelle de la Sainte-Baume.

Départ : carrefour des Trois-Chênes. Accès routier : sur l'A 8, sortez à Saint-Maximin-la-Sainte-Baume (sortie 34) et prenez la D 560 puis la D 80 vers Nans-les-Pins et le parking du carrefour des Trois-Chênes.
Difficulté : aucune pour les randonnées n°1 et n°2 ; l'accès à la grotte aux Œufs est pentu et glissant, un peu de distance pour la randonnée n°2. Préférez le printemps pour la rando n°2 afin de profiter d'un écoulement d'eau suffisant dans la vallée de l'Huveaune. Rando n°3 : descente raide sous le pas de l'Aï, montée soutenue dans la première partie jusqu'au Joug de l'Aigle. Évitez les grandes chaleurs et le fort mistral. Emportez suffisamment d'eau et soyez prudent surtout dans les descentes sur les sentiers caillouteux.

Rando n°1

Depuis le carrefour des Trois Chênes (677 m), suivez le beau chemin Royal des Oratoires, agrémenté de nombreuses marches pour les pèlerins et qui s'enfonce dans une magnifique forêt protégée, fraîche et humide, qui s'est installée sur le versant nord depuis la dernière glaciation. Croisez un premier oratoire puis un second après la fontaine de Nans (840 m). 1 Prenez en épingle à gauche, rejoignez la chapelle des Parisiens puis un nouvel oratoire et franchissez un petit raidillon rocheux afin de rejoindre le col du Saint-Pilon (840 m) 2.
Vous êtes sur le versant ensoleillé, l'adret, et le contraste est saisissant ! Suivez le GR®98 à droite en contrebas de la crête jusqu'à la chapelle du Saint-Pilon, édifiée en 1618 en bordure de falaise au-dessus de grotte Sainte-Marie-Madeleine (990 m). Rejoignez la table d'orientation (bien abîmée) qui offre un superbe panorama sur la montagne Sainte-Victoire en face, les monts toulonnais et une grande partie de la Côte d'Azur au sud, les massifs des Maures, de l'Esterel et du Mercantour à l'est. Suivez ensuite le GR® vers l'ouest jusqu'au cairn du pas de la Cabre 3 qui marque le sentier de retour. Descendez à flanc de falaise par un sentier balisé en rouge et rejoignez une intersection à 830 m 4. Prenez en épingle à gauche et marchez sur environ 800 m afin de gagner la curieuse grotte aux Œufs. Son accès délicat car pentu et glissant.
Retournez vers la grotte Sainte-Marie-Madeleine et croisez à droite,

LA GROTTE AUX ŒUFS
Son origine vient du désir des femmes en mal d'enfanter qui venaient y mettre des « Coucounets », des coquilles d'œufs évidées contenant des petits reliquaires représentant des personnages en papier. Apparemment, la tradition semble perdurer de nos jours !

Entrée de la grotte aux Œufs.

blotti contre la falaise, l'ermitage de Dalmace Moner, un frère dominicain qui y vécut au XIVe siècle. Cent mètres avant le croisement (840 m) 1, montez à droite les escaliers qui rejoignent la vaste grotte et au sanctuaire de Sainte-Marie-Madeleine. Rejoignez le point 1 et suivez maintenant à gauche le GR®9 qui mènent à l'hostellerie de la Sainte-Baume (écomusée, boissons, restauration). Suivez à droite la contre-allée à droite de la route et rejoignez le parking.

RANDO N°1
8,5 km
2h25
440 m+

RANDO N°2
15 km
4h00
450 m+

RANDO N°2 VARIANTE COURTE
9,6 km
2h30
280 m+

RANDO N°3
11,9 km
3h30
480 m+

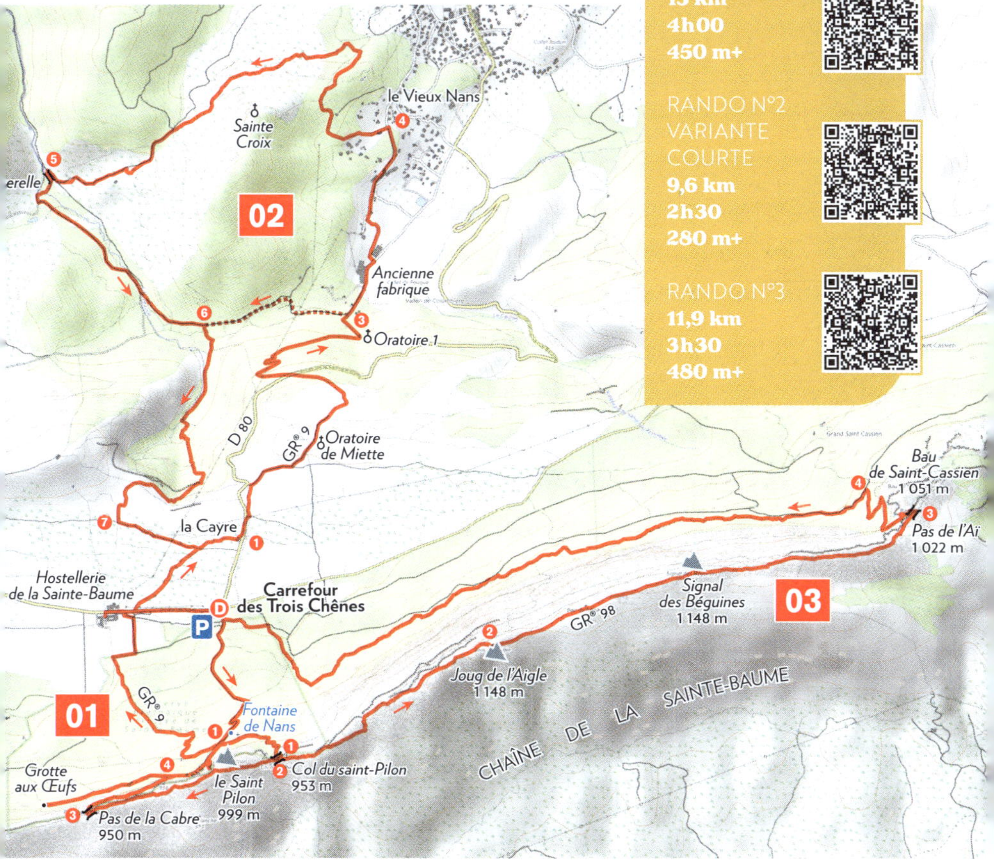

8 SAINTE-BAUME

Rando n°2

Carte page 87. Du parking, allez vers l'hostellerie (670 m) en longeant la D 80 par les contre-allées.

Traversez un peu avant **(prudence !)** afin de suivre le sentier qui traverse en diagonale le plateau et rejoint le bâtiment abandonné (La Cayre, 679 m) ❶. Suivez la route, traversez **(prudence !)** et gagnez le sentier de droite (GR®9) jusqu'au croisement de la route D 80 et d'une piste qui part à droite (680 m). Suivez cette piste, le chemin des Roys (panneaux) et croisez l'oratoire de Miette (n° 3, 701 m). En face, on peut rejoindre le site archéologique du tumulus de Miette (VIIe siècle av. J.-C.). Plus loin croisez une charbonnière, traversez la route **(prudence)** et rejoignez l'oratoire n° 2 (596 m). Continuez la descente jusqu'à l'oratoire n° 1 puis la piste et la fabrique désaffectée des Aumèdes (440 m) ❸.

Suivez le sentier puis le chemin de l'Orge plein nord jusqu'au croisement avec le chemin du Jas de Boyer à gauche. ❹ Suivez le sentier jaune « Nans-les-Pins par les ruines du Vieux Village » que vous apercevez vers le nord sur la colline. Passez à travers bois en longeant les vestiges (interdiction de pénétrer !) et rejoignez un sentier jaune à gauche.

Suivez ce beau sentier forestier, croisez une oliveraie et des champs de lavandes et franchissez la petite passerelle de l'Huveaune ❺.

Continuez en rive gauche, retraversez le cours d'eau et repérez à droite le sentier qui ramène à l'Huveaune (450 m) ❻. Remontez ce magnifique cours d'eau, par les sentiers de la rive droite ou de la rive gauche en veillant à ne pas traverser en marchant sur les vasques pétrifiées très fragiles. Contemplez ces magnifiques lagons et petites cascades où s'écoulent des eaux allant du vert au turquoise. Ces

La croix des Béguines, 1 148 m.

formations sont dues aux dépôts calcaires (travertins) et l'on doit la couleur de l'eau à des « algues bleues », les cyanobactéries. Au niveau de la source, vous pouvez rejoindre la petite grotte des Moulins par un raidillon (AR). Poursuivez la montée par le sentier vert en longeant l'amphithéâtre vers l'ouest et rejoignez le plateau du Plan d'Aups. Continuez vers le sud, croisez une piste ❼ que vous prenez à gauche jusqu'au sentier du GR®9 et retrouvez l'hostellerie puis le parking.

Variante courte

La randonnée peut être écourtée en rejoignant directement le point ❻ par le GR®9 depuis le point ❸.

La longue crête de la Sainte-Baume.

Rando n°3

Carte page 87. (Début de la randonnée : voir rando n°1). Depuis le col du Saint-Pilon 1, cheminez le long sur le versant sud d'une magnifique arête sur laquelle les phénomènes karstiques sont nombreux : gouffres, dolines et lapiez. Dans cette basse végétation, vous pourrez apercevoir le genévrier de Phénicie, le genêt de Lobel et de magnifiques orchidées sauvages : les orchis sureau, moucheron, de Provence et les ophrys : jaune, bécasse, bruns, etc. Croisez le faux Joug de l'Aigle (1 057 m) et rejoignez le Joug de l'Aigle (1 148 m) 2. C'est le point culminant de la chaîne et la vue y est exceptionnelle. Continuez au fil de la crête et rejoignez la croix des Béguines (1 148 m également). Commencez à redescendre et croisez le pas de Villecroze (1 050 m).

Laissez le GR®9 à droite et suivez le sentier de gauche qui rejoint la brèche du pas de l'Aï (1 022 m) 3. Pour descendre, empruntez le couloir rocheux (traits jaunes) puis, après trois lacets, rejoignez une intersection de sentiers 4 (910 m). Suivez à gauche le beau sentier Merveilleux qui chemine dans cette remarquable forêt relictuelle, isolée du monde méditerranéen et protégée de tout temps. Dans ce site naturel qui n'est pas exploité, vous croiserez entre autres quatre espèces d'érables, des ifs et surtout une exceptionnelle hêtraie. Sur les troncs morts, vous aurez peut-être le rare bonheur de tomber sur un coléoptère, magnifique et très rare : la rosalie des Alpes. Peu avant l'arrivée, croisez la source Ravel et rejoignez le parking.

Rando n°4

Abbaye de Saint-Pons, col de Bertagne et Grande Baume

Cascade au moulin des Cuges.

Dominé par le pic de Bertagne (1 041 m), point culminant des Bouches-du-Rhône, la partie occidentale de la Sainte-Baume abrite dans une magnifique vallée ombragée et fraîche, un lieu préservé, historique et récréatif où coule le Fauge, rare cours d'eau pérenne de la région : la vallée et le parc de Saint-Pons. On y trouve notamment une très belle abbaye cistercienne, la source de Saint-Pons et de nombreux aménagements hydrauliques. Plus haut, au pied du pic de Bertagne, vous croiserez le micro-refuge Paul Ruat, l'un des fondateurs de la Société des excursionnistes marseillais, ainsi qu'une étonnante glacière bâtie en pierre de tuf qui alimenta pendant de nombreuses années en glace naturelle les villes d'Aubagne et de Marseille. Lors de la descente, vous passerez par la Grande Baume, autre curiosité naturelle de ce circuit riche en découvertes.

Départ : Gémenos.
Accès : sur l'A 50, sortez à Aubagne, suivez la D 43C puis la D 2 à droite en direction de Gémenos. Garez-vous sur les parkings prévus à cet effet.
Difficulté : randonneur. Évitez les grandes chaleurs et le fort mistral. Emportez suffisamment d'eau et soyez prudent surtout dans les descentes sur les sentiers caillouteux.

Itinéraire

Empruntez la piste qui croise la maison du parc (documentation), traversez la D 2 **(prudence !)** et suivez le très beau sentier (jaune) qui longe le torrent et la rigole de la Fauge. Remarquez à droite les vestiges industriels du Paradou (ancienne fabrique de papier à cigarettes) et le Foulon (moulin à eau servant à presser les étoffes) et à gauche la petite chapelle Saint-Martin du XIIIe siècle. Admirez les beaux arbres (dont un imposant platane à sept fûts) qui ponctuent le sentier verdoyant et rejoignez la belle cascade pétrifiante du moulin de Cuges. Continuez sur le sentier de gauche, remarquez la belle source qui jaillit avec vigueur d'entre les rochers et rejoignez l'abbaye de Saint-Pons. Fondé en 1205, le monastère cistercien va être finalement abandonné en 1426.

1 Empruntez le pont et suivez à la piste des Platières en longeant l'oued périodique à droite. À droite au point 287 m, un court aller-retour permet de gagner le gour de l'Oule, un beau site frais et ombragé où l'eau ruisselle sur la roche moussue d'un étroit goulet dans la falaise. Continuez sur la piste jusqu'à un poteau (332 m).
Suivez en sous-bois le sentier de gauche qui remonte en longeant un moment la D 2.

2 Au point 463 m, prenez à droite et gagnez un croisement (463 m) puis suivez le sentier de droite (le chemin de la Glace) qui rejoint un vallon puis monte en lacet, longe des barres calcaires et rejoint à gauche 3 (649 m), le sentier qui mène à la glacière. Croisez le sobre et rustique refuge Paul-Ruat puis la glacière **(prudence : ne pas franchir les barrières !)**. Remarquez derrière le bassin de congélation et la petite source permettant de l'alimenter.
Repartez vers la droite et montez par une longue diagonale à l'aplomb du pic de Bertagne jusqu'au sympathique col de Bertagne (868 m) 4 et son monument élevé en hommage aux Excursionnistes marseillais.
Empruntez le sentier vers le nord en direction de la Grande Baume, traversez une croupe rocheuse (attention de bien suivre les traits jaunes ou rouges !). Au carrefour de sentier (864 m) 5, suivez la direction de la Grande Baume que vous atteignez à droite sous le couvert d'un joli petit bois de chênes verts. Il s'agit d'une grotte habitée au néolithique devenue un surprenant et vaste passage naturel

L'étonnant « trou du vent » sur les falaises de Cugens.

surbaissé qui permet de passer d'un vallon à l'autre.
Traversez le vallon de Pouçéu, croisez une vaste clairière à droite et prenez à gauche et cheminez avec prudence sur une crête calcaire bordée de falaises équipées pour l'escalade. Continuez sur le fil d'une crête à travers une garrigue basse et retrouvez le croisement et le poteau 2 (463 m) et l'itinéraire emprunté à l'aller.

Pic de Bertagne en AR

Du col de Bertagne, prendre le sentier à droite en direction du col de la Fauge sur 300 m et gagnez à droite le le pic de Bertagne par une portion de piste réservée à l'armée de l'air. Appréciez le magnifique panorama depuis le point culminant des Bouches-du-Rhône : la rade de Marseille, les Calanques, le massif des Maures, le Ventoux, les Préalpes et le Mercantour. Pour l'AR, comptez 1,6 km, 0h45 et 170 m+.

La glacière de Bertagne, 17 m de haut et 10 m de large.

ITINÉRAIRE
14,3 km
4h15
700 m+

9

APT • BONNIEUX

LA PROVENCE HAUTE EN COULEURS

Royaume du lavandin en été, le Pays d'Apt se situe à la croisée de nombreux sentiers de randonnée où alternent plateaux, massifs peu élevés et falaises bercés par le soleil. Vignes et cerisiers s'épanouissent dans la plaine du Calavon. Terre de gisements d'ocre, pigment naturel aux tons rouges, jaunes et orangés, ce coin préservé et intemporel du Parc naturel régional du Luberon est émaillé de villages perchés. Prisés des hipsters et des Anglo-Saxons fortunés séduits par leurs pierres millénaires et leurs façades pastel, Bonnieux, Gordes, Lacoste, Oppède-le-Vieux ou Ménerbes ont pourtant su garder leur âme. Déjà habité par les Ligures, redessiné par les Romains qui fondent Apt au Ier siècle av. J.-C., ce territoire chargé d'histoire a aussi attiré les hérétiques vaudois au XVe siècle. Ses savoir-faire – fruits confits, truffe, essence de lavandin, ocre ou faïence – incarnent l'art de vivre en Provence.

Ci-dessus : **Ménerbes.**
© V. Vidrasca / CRT Provence-Alpes-Côte-d'Azur
Page de droite : **un superbe ensemble de pierres sèches (rando n°4).**

PRATIQUE

Quand venir

■ De mi-mars à mi-octobre (le Corso Parade d'Apt, héritage d'une fête traditionnelle avec défilés de chars et spectacles de rue, a lieu à la Pentecôte). En été, évitez les heures les plus chaudes. Assurez-vous de l'accès aux massifs forestiers (voir restrictions incendies page 7).

Y aller

■ **En voiture :**

– De Marseille ou Aix-en-Provence, remonter l'A 51 puis suivre A 7- Sortie 25 puis suivre Apt sur la D 900.

– De Lyon, prendre l'A 7 direction Marseille – Sortie 24 puis suivre Apt sur la D 900.

– De Montpellier, prendre l'A 9 direction Marseille – Sortie 23 Remoulins puis suivre Avignon sur la N 100 puis N 7 et D 900 direction Apt.

■ **En transports en commun :**

■ Il n'y a pas de gare SNCF à Apt. Vous pouvez vous rendre en train à Avignon TGV ou Avignon centre puis prendre le bus Zou ! 915, la ligne reliant une gare à Apt la mieux desservie (trajets limités le week-end, 1h de route). Des bus Zou ! assurent aussi une liaison directe avec Apt depuis Aix-en-Provence (ligne 909), L'Isle-sur-la-Sorgue (ligne 914), Cavaillon (ligne 917) mais les trajets quotidiens sont limités. Autre solution : louer une voiture à Cavaillon (35 min de route) ou Manosque (45 minutes de route).

■ **Sur place :** deux lignes de bus gratuites (A et B du réseau Mobility) permettent de se déplacer dans Apt. Pour rejoindre les communes alentour (Bonnieux, Pont-Julien, Roussillon, Gargas, Rustrel…), empruntez les lignes Zou ! de proximité. Mais là encore, les trajets quotidiens sont limités. Infos et horaires : zou.maregionsud.fr/se-deplacer-en-bus/

Se loger

■ **Luberon l'Hôtel :** sympa si vous avez un peu de budget. Certaines chambres sont dotées de terrasses. Face à l'office de tourisme, à 25 min à pied de la gare routière et 12 min du centre historique. Possibilité de commander un pique-nique de produits locaux.

■ **L'Aptois Hôtel :** chambres sobres et douillettes et bon rapport qualité prix. Hôtel familial aux portes de la vieille ville et 3 min à pied de la gare routière.

■ **Le Palais :** Bâtiment du XVIIIe siècle dans le centre historique, face à l'hôtel de ville. Chambres fonctionnelles et restaurant avec un choix de pizzas au feu de bois.

9 APT • BONNIEUX

Envie d'autres expériences ?

■ Dans le vallon de l'Aiguebrun, les falaises de Buoux sont réputées pour être l'un des meilleurs spots d'**escalade** de France et attirent même des grimpeurs du monde entier. Équipées d'environ 400 voies, elles s'adressent plutôt à des confirmés. Pour les familles et les débutants en varappe, le site du Pont-Julien, entre Apt et Bonnieux, propose un terrain de jeu plus adapté.

■ En selle ! Pour voir défiler en douceur vignobles, vergers et villages paisibles, rien de mieux que d'enfourcher un **vélo** (ou un vélo à assistance électrique, chacun son rythme !). L'itinéraire balisé V863, « Autour du Luberon à vélo », dessine une boucle de 240 km autour du massif du Luberon. La portion qui relie Apt à Cavaillon vous mène à Bonnieux, Lacoste, Ménerbes, Oppède-le-Vieux ou Robion. Plus d'infos : veloloisirprovence.com/page/autour-du-luberon-a-velo

■ Ces dernières années, les prestataires proposant la **location de 2CV** et autres véhicules vintage pour sillonner les routes du Luberon se sont multipliés. Certes, ce n'est ni la manière la plus écolo ni la plus sportive d'explorer la région, mais rien n'empêche de se laisser tenter au moins une fois par cette expérience aux accents rétro. Trouver un loueur : luberon-apt.fr/activites-de-pleine-nature

À VOIR / À FAIRE

■ Le marché d'Apt (samedi matin) une institution locale !
■ Ôkhra-Écomusée de l'Ocre Roussillon, pour tout savoir sur l'ocre ou participer à un atelier créatif.
■ La distillerie de lavande des Agnels

COUP DE CŒUR

■ La marche jusqu'au fort de Buoux et sa visite : au sommet d'un éperon rocheux, des fortifications en ruine sur un site occupé depuis la préhistoire. Voyage à travers le temps et panoramas sublimes !

ENVIE D'AUTRES BALADES ?

■ Trois sites permettent une immersion dans l'univers de l'ocre : le sentier des ocres de Roussillon, le Colorado provençal de Rustrel et les mines de Broux, anciennes carrières et leurs galeries souterraines. Seul bémol : tous sont payants et fréquentés en haute saison.

ASTUCE RANDO

Si la beauté du Luberon émane bien sûr de ses paysages, c'est la lumière, si particulière, qui les sublime. Pour profiter pleinement du spectacle, planifiez vos balades aux plus belles heures de la journée, tôt le matin ou quand le soleil décline.

Ci-contre : **jour de marché à Apt.** © C. Chillio / CRT Provence-Alpes-Côte-d'Azur
Ci-dessous : **tel un phare, la tour Philippe (rando n°3).**
La superbe place de la Fontaine de Saignon (rando n°4).

9 APT • BONNIEUX

Rando n°1

Le rocher des Druides

ITINÉRAIRE
4 km
1h15
120 m+

Véritable chasse aux trésors cachés, cette petite randonnée réserve bien des surprises. Bories et fortifications enfouies dans la végétation, points de vue remarquables… Quelle richesse !

Le hameau de Rocsalière.

DRUIDE, OU LE PLUS VIEUX MÉTIER DU MONDE…
Le débat reste ouvert à propos de la toponymie de ce rocher. D'après certains, il doit son nom à un temple habité par des druides sous l'occupation celto-ligure. Pour d'autres, il viendrait du provençal *toumple de la drudas*, traduit par erreur en « temple des druides ». En fait *toumple* signifie « cavité » et *druda* « plantureuse ». En français comme en provençal, il y a de nombreuses façons de nommer les prostituées… La signification serait donc « grotte des prostituées ». Sur ce lieu de passage, fréquenté à l'époque, cela se tient !

Départ : parking de Barbe Blanche, commune de Buoux.
Accès : 5 km – 10 min d'Apt. De l'avenue des Druides, suivre la D 114 jusqu'à Rocsalière, continuer, puis prendre la D 232 à droite jusqu'au parking de Barbe Blanche.
Difficulté : petits raidillons, sentier parfois délicat à visualiser. Passages étroits en balcon.

P'tit plus

■ Visiter la chèvrerie de M. Morard au jas à côté du château de l'Environnement à Buoux. Dégustation et vente : 04 90 74 10 08.

Itinéraire

Du parking de Barbe Blanche, traverser la D 232 et emprunter la piste à gauche (Pré des Masques). Au prochain panneau, suivre « Les Claparèdes » (balisage jaune-rouge). Au niveau du relais, bien passer l'intersection, puis tourner à droite ❶ (balisage jaune) et, au dédoublement suivant, rester

La plaine d'Apt.

Les aménagements du rocher des Druides.

à droite (GR® de pays). Peu après dans la descente, s'engager sur le petit sentier à flanc gauche, descendre un moment et être attentif au changement de direction au niveau d'un petit cairn. Quitter le balisage et bifurquer à droite (vieux balisage bleu) ❷. Suivre ce sentier à la végétation dense, rester sur la partie droite qui longe un affleurement rocheux. Le sentier débouche sur le rocher des Druides et ses aménagements, descendre à gauche, puis droite, et continuer à l'opposé des ruines. Juste après, nouveau dédoublement : descendre un peu à gauche pour trouver le panneau « rocher des Druides » ❸ et suivre la direction Rocsalière. Arriver au ruisseau de la Marguerite, le franchir pour s'élever sur une calade au hameau de Rocsalière. Sortir sur la D 114, la remonter un moment, puis prendre une piste à

droite ❹ et le chemin de gauche qui longe la route. Plus loin, la traverser et continuer tout droit (balisage jaune). Après une courte montée, rejoindre à nouveau la route, traverser (panneau « Plaine Lambertes ») et continuer en face sur un sentier qui débouche sur la piste du Pré des Masques, puis obliquer à gauche pour parvenir au parking.

Rando n°2

Le vallon de l'Aiguebrun

Prenez de luxuriantes forêts qui enlacent un magnifique cours d'eau, ajoutez un soupçon de chaos rocheux, de hautes falaises pour envelopper le tout, sans oublier une bonne dose d'occupation humaine depuis la Préhistoire, et vous aurez un petit aperçu du vallon de l'Aiguebrun : une véritable oasis de fraîcheur, plutôt insolite en Provence.

Départ : auberge des Seguins.
Accès : 10 km – 20 min d'Apt. Suivre la D 113 jusqu'à Buoux, traverser le village et continuer sur près de 1,5 km. Au croisement, prendre à gauche. Continuer jusqu'à l'auberge des Seguins et se garer sur les aires de stationnement avant l'auberge (parking de l'auberge réservé aux clients).
Difficulté : balade familiale, chemin caillouteux.

P'tit plus

- Repas dans un cadre exceptionnel à l'auberge des Seguins : 04 90 74 16 37.
- Visite du fort de Buoux : 04 90 74 25 75. Superbe site perché sur un éperon rocheux (bien surveiller les enfants).

Itinéraire

Depuis l'aire de stationnement, remonter la piste en direction de l'auberge des Seguins, puis prendre à droite. À l'intersection suivante, s'élever à droite en suivant le balisage blanc et rouge. La piste parvient sur un replat.

DES PERLES DANS L'AIGUEBRUN !

Ne vous y trompez pas, il ne s'agit pas de perles précieuses, mais de la larve d'un invertébré aquatique qui témoigne de la bonne qualité des eaux. On la rencontre dans les cours d'eau non pollués et bien oxygénés. Cette perle est bel et bien « précieuse », comme indicateur de la bonne santé de l'Aiguebrun.

9 APT • BONNIEUX

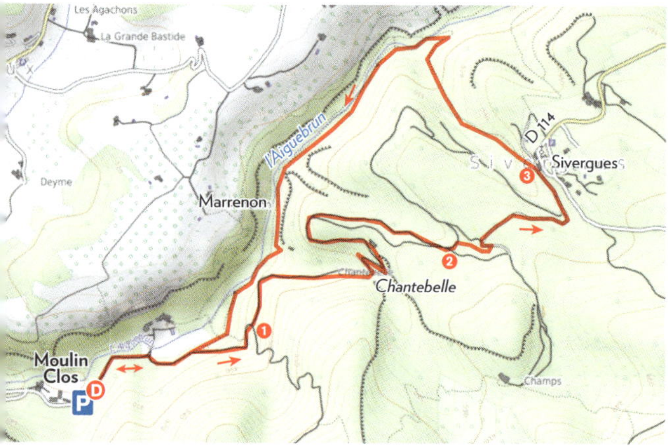

Habitat semi-troglodytique.

ITINÉRAIRE
6 km
2h00
190 m+

À la bifurcation, laisser le balisage blanc et rouge à droite et continuer à gauche (balisage jaune) ❶. Rejoindre d'imposants cairns, profiter du point de vue et longer tranquillement la falaise. Après un court répit, l'ascension reprend sur le sentier caladé qui longe un petit muret. Ignorer les sentes qui partent à droite, suivre le balisage jaune jusqu'aux maisons troglodytiques de Chantebelle en grimpant au milieu des terrasses de cultures. Face aux maisons, emprunter la piste à gauche pour ensuite déboucher entre deux gros blocs où la piste se dédouble. Garder la piste principale sans tenir compte des petits sentiers qui partent de chaque côté. Plus loin, quitter la piste au niveau d'un petit cairn à gauche et traverser un barrage en pierre ❷. Juste après, prendre à droite et rejoindre la grande piste carrossable qui conduit au village de Sivergues, lieu de pique-nique idéal. Après le village, repérer sur la gauche la signalétique «Aiguebrun, Les Seguins» ❸ qui descend dans le vallon jusqu'à la rivière. En bas, suivre le sens du courant en rive gauche jusqu'à l'auberge des Seguins.

Au pied des falaises.

Rando n°3

Forêt des Cèdres, arche des Portalas et tour Philippe

Cette randonnée dans cette superbe forêt de cèdres de l'Atlas va vous émerveiller et surtout vous dépayser. Vous aurez plaisir à cheminer parmi ces arbres majestueux dans une ambiance paisible et fraîche où la faune et la flore trouvent ici un véritable petit paradis. Vous gagnerez un magnifique panorama au point de vue du Portalas et pourrez atteindre une grande et très belle arche naturelle en contrebas de la crête. Plus loin, vers l'est, vous rejoindrez une autre et étonnante curiosité qui attire les regards: la tour Philippe. Depuis le sommet de cette construction insolite de style néo-médiéval, on devait, selon le souhait de son propriétaire, voir la mer! Le retour s'effectuera par un sentier sur le flanc septentrional de la montagne et offrira un magnifique point de vue sur les villages de Bonnieux, de Lacoste et la vallée du Calavon.

Départ : parking forêt des Cèdres.
Accès : d'Apt, prendre la D 943 direction Lourmarin, puis à droite suivre la D 36 direction Bonnieux sur environ 3 km et prendre à gauche le chemin de la Forêt jusqu'au parking de la Forêt des Cèdres.
Difficulté : randonnée sur bonnes pistes et sentiers. Un raidillon vers l'arche des Portalas.

CIRCUIT COMPLET
12,6 km
4h00
450 m+

BOUCLE 1
3,8 km
1h30
130 m+

BOUCLE 2
8,8 km
2h30
320 m+

Boucle 1

Commencez par une première boucle, le sentier botanique du Portalas. Prenez la grande piste vers l'ouest sur 200 m, tournez à gauche et suivez le balisage vert du sentier Botanique. Descendez dans le vallon, croisez quelques panneaux d'information puis remontez par quelques lacets sur la crête du Portalas que vous suivez ensuite vers la droite jusqu'à la table d'orientation.

❶ Appréciez le très beau panorama sur le val de Durance, de la Sainte-Victoire aux Alpilles. Au printemps, dans la garrigue, vous aurez peut-être la chance de voir le genêt de Villars, l'iris nain ou plus rare, une magnifique orchidée : l'ophrys de Bertolonii. Repérez tout près vers l'ouest un cairn sur un pierrier : il marque le départ d'un sentier qui descend vers l'arche du Portalas. Soyez prudent, ça glisse un peu sur les cailloux, et approchez-vous de ce beau cadeau de la nature. Revenez à la table d'orientation ❶ et prenez le sentier vert plein nord. Gagnez le plateau, traversez une magnifique parcelle de cèdres imposants

jusqu'au poteau « Le Pré de Roustan » et retournez au parking.

Boucle 2

Pour cette seconde boucle, partez cette fois-ci vers l'est sur la petite route, prenez une bonne piste non balisée mais bien visible à droite en épingle, continuez un bon moment via des plantations alignées de cèdres jusqu'au point coté 481 m où vous croiserez une piste que vous remontez à gauche vers le nord (balisage jaune).
À l'intersection suivante 2, prenez en épingle vers le sud, continuez de monter vers le nord-est puis croisez une propriété à droite qui abrite un figuier et une immense borie 3.
Poursuivez vers le nord et quittez la piste (barrière) pour prendre le sentier jaune qui croise et surplombe l'étonnante tour Philippe, puis rejoignez la petite route au poteau « Tour Philippe » 4. Suivez-la sur environ 70 m et, peu avant une propriété, prenez un sentier à gauche (non balisé) au niveau d'un transformateur qui va descendre de 80 m à flanc de montagne (beaux points de vue sur Bonnieux et Lacoste) jusqu'à l'intersection avec le sentier balisé jaune qui arrive de Bonnieux 5. Remontez, rejoignez la petite route au poteau « Peyrafio » et regagnez le parking.

Une remarquable sculpture naturelle.

Dépaysement assuré dans la cédraie.

Rando n°4

Saignon : balade entre vignes et lavandes sur le plateau des Claparèdes

Le plateau des Claparèdes est constitué de calcaires du crétacé supérieur (ère Mésozoïque, anciennement ère secondaire), recouvert de dépôts éocènes et oligocènes (ère Cénozoïque, qui regroupe les anciennes ères tertiaire et quaternaire). Ce toponyme, « Claparèdes » vient du mot « clap » et de son dérivé « clapier », c'est-à-dire des terrains pierreux, partiellement boisés, arides difficiles à travailler, la couche de terre y étant de surcroît peu épaisse. Les pierres amoncelées pour dégager quelques parcelles favorables à la culture des céréales servirent à élever ici et là de nombreuses constructions en pierres sèches. Aujourd'hui, on trouve sur cette commune touristique et rurale des vignobles qui sont classés dans l'appellation « AOC Ventoux » et du label « Vin du pays d'Aigues », de vastes étendues de culture du lavandin, quelques vergers ainsi que des chênaies destinées à la trufficulture.

Départ : Saignon.
Accès : d'Apt, prendre la D 48 et se garer à l'entrée du village de Saignon.
Difficulté : balade sans difficulté. Prudence sur les petites routes.

P'tit plus

■ Restaurants à Saignon : Un jardin sur le toit avec sa vue imprenable (04 90 75 63 81), Le bistrot du coing (04 90 05 16 01), Le comptoir de Balthazar (réservation obligatoire 04 84 85 95 36).
Commencez ou terminez par la visite du village.

Itinéraire

Suivez la rue des Bourgades, la rue Saint-Louis et la rue du Quay jusqu'au poteau « Le Quay ».
Prenez à gauche en épingle la D 174, suivez la D 48, rejoignez le poteau « Saint-Michel » et empruntez à gauche le chemin de Saint-Michel vers l'ouest qui longe une falaise à travers bois (GRP®).

Continuez par le sentier de gauche jusqu'à l'intersection (455 m), rejoignez en longeant des vignobles le hameau et le poteau « Rocsalière » 1 et remarquez les habitations troglodytiques dans la falaise. Longez un moment la D 114 sur 350 m **(prudence !)**, suivez le balisage jaune, tournez à droite et traversez un petit oued (495 m). Remontez le vallon, traversez la route **(prudence !)** et gagnez le poteau « Plaines Lambertes ». Retrouvez la route et suivez-la sur 300 m environ jusqu'au poteau « Vouliou ».

2 Prenez à gauche le sentier (GR®911) et traversez des zones de garrigue et des champs de lavandin. 100 m après le croisement avec la D 232, remarquez à gauche dans le champ le magnifique ensemble de pierres sèches. Rejoignez le chemin du Ballalot, prenez à droite puis à gauche suivez la D 232 jusqu'au carrefour de piste, la croix et le poteau « Le Colombier » 3

Prenez à gauche un bout de sentier puis suivez la piste (GRP®) qui longe des truffières puis rejoignez la D 48 et suivez-la sur 300 m. Continuez par le sentier à droite, retrouvez plus loin la D 48 et longez des champs de lavande et des truffières.

4 Un peu plus loin à gauche, un sentier non balisé permet de rejoindre un point de vue sur le village (aller/retour).

Revenez sur vos pas, longez la route et écartez-vous en afin de gagner le poteau « La Poste ». Prenez à droite et retrouvez le parking.

Visite du village (1h00)

Suivez la route de Castellet, rejoignez le parking près du cimetière et gagnez l'église Notre-Dame-de-Pitié et son parvis. Continuez à droite par la rue Saint-Louis et rejoignez la superbe place de la Fontaine. Cette fontaine à vasque et bassin est surmontée de deux statues allégoriques : l'agriculture et l'abondance par l'industrie. Continuez par la rue du Bourget à droite puis rejoignez à gauche le vieux moulin encastré dans la falaise. Suivez le chemin des remparts et gagnez par quelques marches le superbe point de vue du rocher de Bellevue (prudence !). Revenez sur vos pas puis prenez à droite la rue de Cassy, la rue des Bois à droite, longez la chapelle privée, rejoignez par une petite calade la rue de l'Horloge à gauche et montez sur le rocher pour un beau point de vue sur le village. Revenez, prenez à droite, gagnez la placette et la tour de l'Horloge bâtie en 1584. Regagnez le parking via les rues Saint-Louis à gauche puis de la Tannerie à droite.

Vue sur les toits depuis le rocher de Bellevue.

ITINÉRAIRE
8,8 km
3h25
230 m+

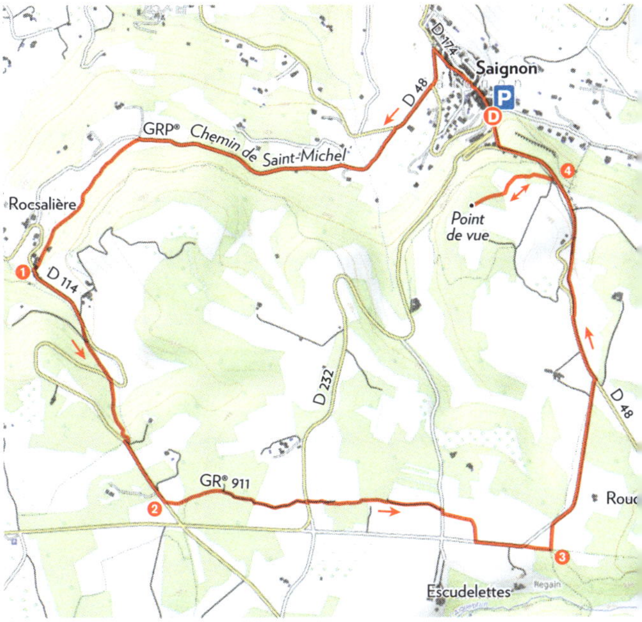

10

SIMIANE-LA-ROTONDE

LA VÉRITABLE EXPÉRIENCE DE LA CARTE POSTALE PROVENÇALE

Perché sur une colline aux contreforts du plateau d'Albion et niché en plein cœur du Parc naturel régional du Luberon, entre les massifs du Ventoux et de Lure, Simiane-la-Rotonde est un de ces villages qui font le charme unique de la Provence. Héritier d'une riche histoire médiévale, comme en témoignent encore son superbe château et ses jolies petites ruelles, il offre un cadre bucolique avec une vue remarquable sur le paysage du Luberon et de la Haute-Provence, où s'étendent les sublimes couleurs des célèbres champs de lavande au début de l'été. Autour de Simiane, d'autres villages tout aussi pittoresques méritent le détour et sont également des points de départ pour des randonnées incontournables. Oppedette, petit hameau surplombant les gorges creusées par la rivière du Calavon, séduit par son calme presque monastique et par son cadre idyllique, au beau milieu d'une végétation luxuriante. À Rustrel, les ocres brillent de mille feux dans les yeux des curieux, qui ont bien raison de s'émerveiller devant le spectacle fascinant de ces anciennes carrières qu'on appelle le « Colorado Provençal ». Finalement, où que vous soyez, préparez-vous à en prendre plein la vue !

Ci-dessus : champ de lavande sur le chemin (rando n°1).
Page ci-contre : le Calavon (rando n°2).

PRATIQUE

Quand venir

■ Plutôt pour les beaux jours, d'avril à septembre. En effet, dans le nord du Vaucluse et dans les Alpes-de-Haute-Provence, les températures peuvent vite devenir fraîches pendant l'automne et l'hiver. Début juillet, les lavandes sont en fleur. Assurez-vous de l'accès aux massifs forestiers (voir restrictions incendies page 7).

Y aller

■ **En voiture :**

– Depuis l'A 51, prendre la sortie 18 vers Valensole/Manosque. Continuer sur la D 907, suivre la direction de Pierrevert. Au croisement avec la D 105, prendre à droite jusqu'à Saint-Michel-l'Observatoire, puis prendre la D 5 à gauche vers Banon. Environ 1 km avant Banon, prendre la D 12A direction Simiane-la-Rotonde et suivre ensuite la D 51 jusqu'au village.

– Depuis l'A 7 prendre la sortie 24 direction Apt/L'Isle-sur-la-Sorgue (...) puis rejoindre la D 900 et suivre Apt et Sisteron. En arrivant à Apt, prendre la D 943 sur la gauche en direction de Villars/Sault. Après 1,3 km, prendre à droite sur la D 11 en direction de Villars. Suivre ensuite la direction de Rustrel via la D 179, puis celle de Banon via la D 22 et D 51, jusqu'à Simiane-la-Rotonde.

■ **En transports en commun :** il n'y a pas de gare SNCF à Simiane-la-Rotonde. Vous pouvez vous rendre en train jusqu'aux gares les plus proches que sont Avignon TGV et Avignon Centre.

■ Depuis ces gares, il faut ensuite emprunter les bus de proximité du réseau Zou ! avec notamment la ligne 915 jusqu'à la gare routière d'Apt puis la ligne 926 jusqu'à Simiane-la-Rotonde. Retrouvez les détails des lignes et les horaires sur zou.maregionsud.fr/se-deplacer-en-bus/.

■ **Sur place :** Simiane-la-Rotonde et les villages alentour sont relativement isolés et ne bénéficient pas d'un véritable réseau de bus, hormis ceux évoqués ci-dessus. Nous vous conseillons donc d'avoir une voiture sur place pour pouvoir vous déplacer facilement dans les villages du secteur et jusqu'aux points de départ des randonnées.

Se loger

■ Le gîte **Le Mazet**, situé en dehors du village de Simiane-la-Rotonde, offre une vue magnifique sur la vallée, visible depuis la piscine (06 08 64 42 28).

■ Au cœur du village, **l'Auberge du Faubourg** vous accueille dans son décor authentique (04 92 75 96 65).

■ Pour un séjour plus haut de gamme, la superbe propriété provençale du XVIIIe siècle **de la Flachère** saura vous séduire (e-mail à bernard.jolly@skynet.be).

■ Et si vous préférez le **camping**, le plus proche sera celui de **Valsaintes** (04 92 75 91 46).

10 SIMIANE-LA-ROTONDE

L'huile essentielle de lavande, idéale pour décontracter les muscles.
© C. Chillio / CRT Provence-Alpes-Côte-d'Azur

Envie d'autres expériences ?

■ Profitez de votre séjour au pays de la lavande pour **vous initier aux huiles essentielles** au sein d'un lieu unique : le laboratoire d'aromathérapie du château de Simiane-la-Rotonde (04 92 75 98 90 ou 04 92 73 11 34).

■ Pour découvrir Simiane-la-Rotonde et ses alentours autrement, le gîte de la Fontaine propose des **balades en calèche** d'environ 2h (04 92 73 13 79).

■ Prenez de la hauteur ! Explorez l'incroyable paysage du Luberon depuis les airs en réservant votre baptême en **parapente** avec JokAir Parapente (06 80 40 23 42).

À VOIR / À FAIRE

■ Le château médiéval de Simiane-la-Rotonde, qui offre une vue imprenable sur le village, les champs de lavande et les alentours. À l'intérieur, découvrez la salle d'exposition et le laboratoire d'aromathérapie.
■ Le village perché d'Oppedette et la vue sur les gorges depuis le haut du village.
■ Le Château-Mairie de Rustrel.
■ Les champs de lavande et de lavandin, en fleurs de mi-juin à fin juillet.
■ L'ancien oppidum du Pointu, sur les hauteurs de Rustrel.

ENVIE D'AUTRES BALADES ?

■ Le chemin du bout des vignes, depuis Simiane-la-Rotonde, un chemin bucolique au sud du village qui vous fait découvrir un ancien lavoir, les canaux et la source, avec une très belle vue sur Simiane.
■ Le sentier historique de l'ancien oppidum du Pointu, depuis Rustrel par la Baume du Midi. Vue panoramique à la clé !
■ La promenade de l'eau de Rustrel qui suit une dizaine de panneaux informatifs pour vous faire découvrir les fontaines et lavoirs du village, mais aussi son patrimoine passionnant.

COUP DE CŒUR

■ L'abbaye cistercienne de Valsaintes : d'abord pour son jardin labellisé « Remarquable », avec son « parcours de la rose » qui vous emmène à la découverte de 550 variétés de roses et son espace « jardin sec » avec ses 350 espèces végétales adaptées à la sécheresse et au froid. Mais aussi pour la beauté de l'édifice et du lieu, avec notamment la possibilité de déjeuner ou dîner au restaurant de l'abbaye, qui offre une jolie vue sur la nature qui l'entoure. Retrouvez toutes les informations sur www.valsaintes.org ou au 04 92 75 94 19.

ASTUCE RANDO

Le Colorado Provençal étant un lieu très touristique, n'hésitez pas à venir lors de périodes plus creuses (en semaine ou hors mois d'août par exemple) ou à emprunter d'autres itinéraires qui vous feront découvrir des paysages tout aussi époustouflants. Pensez également à réserver l'accès au parking sur le site www.coloradoprovencal.fr/reservation-2/ ou à vous renseigner à ce sujet en contactant le 04 90 75 04 87.

Ci-dessus : **l'abbaye de Valsaintes (rando n°2).**
© Wikimedia Commons / Véronique Pagnier
Ci-dessous : **Oppedette : à ne pas manquer !**

10 SIMIANE-LA-ROTONDE

Tout est charmant dans Simiane.

Rando n°1

Le jas d'Estelle

Cette randonnée offre de superbes points de vue sur les montagnes de Lure et du Ventoux. Elle sera aussi l'occasion d'aller visiter cette campagne provençale riche d'une belle garrigue odoriférante et d'espaces boisés qui abritent notamment de nombreux reptiles et, parmi les oiseaux, un grand nombre de rapaces. Simiane peut s'enorgueillir d'abriter la Société coopérative agricole des plantes à parfum de Provence qui est la plus importante de France et qui produit 90% de la production mondiale de lavandin.

Départ : église de Simiane-la-Rotonde.
Difficulté : petites randonnées sans difficulté, chemins caillouteux.

Itinéraire

De l'église, suivez vers le sud le chemin des Crottes (balisage jaune) qui monte tout droit à flanc dans la chênaie verte ponctuée d'amélanchiers. Laissez le sentier à droite 1 et continuez de monter jusqu'à rejoindre le Jas d'Estelle 2 au niveau d'un champ de lavandin (783 m).

Contournez-le jusqu'à la fourche et continuez vers le sud-ouest, toujours tout droit, descendez dans une petite combe et rejoignez une piste près du Clos de Rohan 3.
Suivez la piste à droite qui remonte plein nord dans la combe, parallèlement à la route (D 30). Suivez la bordure d'un long champ de lavandin, au lieu-dit « La Combe du Pommier », passez à droite au-dessus d'une entreprise agricole, continuez sur le sentier près du lavandin et prenez la piste au niveau d'un hangar (881 m) 4. Remontez encore à flanc jusqu'à l'intersection de piste au point coté 907 m 5, commencez à redescendre puis croisez un réservoir et un point de vue sur Simiane. Rejoignez le fond du vallon au lieu-dit « Simon ». Continuez sur la piste à gauche et rejoignez la petite route du

VERSION LONGUE
11,7 km
3h30
460 m+

VERSION COURTE
8,2 km
2h20
380 m+

ravin de la Combe 6. Suivez la route jusqu'à l'intersection avec la D 18 7, suivez-la à gauche et, à l'épingle suivante, gagnez vers l'est la place de la combe et prenez la rue du Château à gauche jusqu'à la Rotonde et le château.
Suivez à gauche la D 18 sur une centaine de mètres, continuez par le chemin de Notre-Dame et rejoignez la chapelle Notre-Dame-de-Pitié. Repérez les vestiges de trois moulins et revenez jusqu'à la Rotonde.
Redescendez par les ruelles vers l'église Sainte-Victoire.

Variante courte

Du Jas d'Estelle, poursuivre par le chemin à gauche de la ruine. À la fourche, tourner à droite. Plus loin, laisser un chemin descendre à droite. Atteindre un superbe champ de lavande, le chemin le contourne. Les pentes sud du mont Ventoux apparaissent. Rejoindre ensuite une large piste. Monter à gauche. Longer un champ et au bout, bifurquer à droite. Accéder à un croisement 5.

Rando n°2

Le saut du Moine

Balade au cœur de cette partie reculée du Luberon. On navigue entre vallons secrets et espaces boisés, en croisant de belles et d'anciennes demeures, ainsi qu'un cours d'eau. La découverte du saut du Moine, ressaut rocheux, ajoute une dimension insolite à cette boucle.

Départ : bord de la D 201, 2 km au nord d'Oppedette.
Accès : de Simiane, par la D 451, puis la D 201 se diriger vers Oppedette. Environ 2 km avant le village, se garer le long de la route au niveau d'un terre-plein (panneau).
Difficulté : balade familiale, une descente raide et caillouteuse.

P'tit plus

- Le village d'Oppedette et son point de vue sur les gorges du même nom.

Itinéraire

Remonter la D 201 sur 150 m environ pour trouver des panneaux indicateurs à gauche 1. Suivre « Valsaintes » (balisage blanc et rouge). Emprunter tout de suite à droite un petit sentier. Prolonger votre cheminement par cet agréable sentier qui traverse plusieurs fois un petit ru souvent à sec. Atteindre un carrefour de sentiers avec des panneaux indicateurs 2. Tourner à droite vers Valsaintes. Traverser à nouveau à gué pour entamer ensuite une raide et caillouteuse

ITINÉRAIRE
6,5 km
1h50
150 m+

montée qui débouche sur une route devant le hameau de Boulinette ❸. S'engager en face. Plus loin, traverser des dalles rocheuses. Au croisement suivant, descendre tout droit. Parvenir sur la D 201 ❹, la traverser et continuer vers Valsaintes (panneau). Passer plus loin devant le camping. À l'entrée de Valsaintes, emprunter le pont à droite (balisage jaune). Poursuivre sur une large piste et atteindre un carrefour ❺. Tourner à droite vers le saut du Moine (panneau). Traverser plus loin vers les gîtes de L'Abbadie. Rester vigilant au balisage jaune qui entraîne vers la droite. Plus loin, rejoindre le fond d'un vallon par un sentier à gauche. Poursuivre par le large chemin au fond du vallon jusqu'à croiser un autre chemin.

Le saut du Moine.

Continuer tout droit en surplomb d'un petit cours d'eau. Traverser plus loin des dalles rocheuses pour gagner le saut du Moine, ses vasques et sa cascade plus ou moins en eau selon la saison ❻. Repérer le chemin sur l'autre rive (balisage jaune). Tourner à gauche et emprunter un agréable chemin qui ramène au parking.

Rando n°3

Oppedette : de remarquables gorges sauvages

Les gorges d'Oppedette, nées du creusement par la rivière Calavon d'un plateau de calcaire urgonien depuis le Cénozoïque (anciennement ère tertiaire), sont longues de 2,5 km, larges de 200 m et profondes de 100 à 200 m. Ces gorges, situées dans le Parc naturel régional du Luberon, sont classées en Espace Naturel Sensible : elles offrent en effet une remarquable diversité de milieux, du fond très frais du canyon aux falaises exposées au soleil. Elles abritent une flore et une faune très riches composées de nombreuses espèces protégées. Vous prendrez également plaisir à rejoindre le minuscule village éponyme (60 habitants) avec son église paroissiale, sa fontaine et son remarquable point de vue. Soyez prudent, vous allez côtoyer quelques passages aériens au fil du sentier et si vous en voulez plus, une variante plus sportive en terrain d'aventure permettra aux plus expérimentés d'entre vous de descendre au fond du canyon et de remonter vers le parking.

Départ : Oppedette.
Accès : de Simiane, par la D 451, puis la D 201 gagner Oppedette. Se garer après le village à droite.
Difficultés :
- Itinéraire principal sans difficulté, soyez toutefois très prudent sur les sentiers à l'approche du rebord des falaises et au niveau des belvédères. Balisage jaune.
- Variante sportive : cette traversée du canyon en terrain d'aventure ne se fera de façon optimale qu'en été et par temps sec. L'idéal est de l'entreprendre à plusieurs avec quelques connaissances de base en escalade. Elle propose de nombreux

Prudence de tous les instants au fond du canyon !

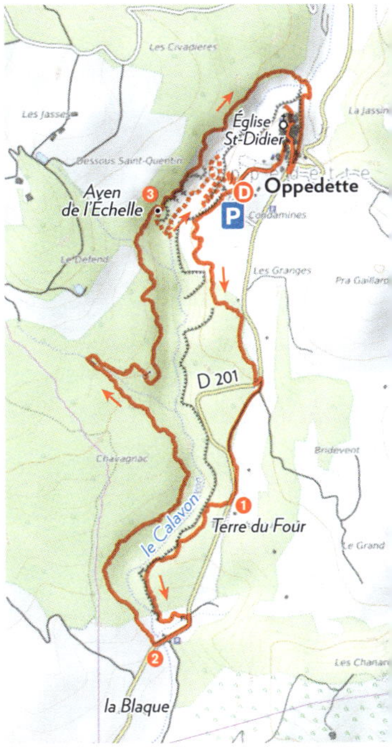

passages raides, sur des pentes pierreuses mais heureusement équipés de mains courantes et d'un passage sur une échelle dans un aven.

Itinéraire

Dirigez-vous vers le sud et rejoignez à droite un premier belvédère : sensations garanties ! Continuez sur le sentier de la rive gauche, en suivant de près le rebord du canyon, coupez la D 201 et recoupez-la une seconde fois au poteau «Terres du Four» ❶ Retournez au plus près des gorges, gagnez le poteau «Pont du Grand Vallat» près d'un parking, traversez la Calavon et rejoignez le poteau «Pont de la Blaque» ❷. Remontez maintenant la rive droite par un magnifique sentier en balcon sur le rebord du canyon. Vous cheminez sur un karst constitué de nombreuses aspérités et fissures (lapiaz) dues à la dissolution de la roche calcaire. C'est parfois pénible par endroits, mais les panoramas offerts çà et là sont superbes. Vous traversez un vaste espace naturel méditerranéen où dominent des taillis bas de chênes verts et blancs, ponctués de buis, de genévriers de Phénicie, de thym, pèbre d'ail et sarriette. N'oubliez pas que vous êtes dans une zone protégée : la faune et la flore sont ici d'un grand intérêt patrimonial, ne cueillez et ne dérangez rien. Le parcours n'est pas avare en sinuosités et contournements, traversé de talwegs et de pierriers. Continuez jusqu'à l'aven de l'échelle ❸, ou vous pourrez opter pour une variante sportive qui traverse le canyon (voir plus loin). Continuez en rive droite vers un

RANDO N°3
7 km
2h35
190 m+

VARIANTE SPORTIVE
3 km
1h30
190 m+

Le minuscule village d'Oppedette.

LE KARST

Les reliefs et formes karstiques – canyon, vallée sèche, lapiaz, aven, balme, grotte – sont provoqués par la dissolution du calcaire par les eaux de pluie chargées en gaz carbonique. Plus le calcaire est fissuré à l'origine, plus le travail de dissolution sera rapide et important.

10 SIMIANE-LA-ROTONDE

belvédère aérien sur la corniche, descendez et passez entre la falaise et une lame rocheuse puis longez les falaises. Franchissez le Calavon à gué et rejoignez le village dont la visite s'impose ! (poteau « Oppedette »).

Dans le village, dirigez-vous vers l'église Saint-Didier puis jusqu'au magnifique belvédère. Revenez sur vos pas, prenez le chemin du petit cimetière (belle vue sur le village) et regagnez le parking.

Variante sportive

Comptez 1 h 30 pour 160 m+.
Balisage jaune.

Dirigez-vous vers le petit cimetière (belle vue sur le village), l'église Saint-Didier puis le magnifique belvédère. Revenez sur vos pas, franchissez le Calavon à gué, longez les falaises, passez entre la falaise et une lame rocheuse et croisez un belvédère aérien sur la corniche. Au poteau « Aven de l'Échelle » 3, descendez sur une échelle dans une grotte-tunnel, engagez-vous dans un goulet rocheux très raide, sous des baumes et rejoignez le talweg du torrent. Traversez et suivez le Calavon au fil des blocs, des marmites et petites plages de galets. Remontez vers la falaise orientale par une boucle puis par des passages rocheux bien raides heureusement protégés par des câbles et des mains courantes et retrouvez le parking.

Le « petit Verdon » du Luberon.

Rando n°4

La magie des ocres du Colorado Provençal

Les anciennes carrières des sables ocreux de Rustrel offrent des paysages d'une rare beauté grâce aux surprenants modelés du relief et surtout à leur fantastique palette de couleurs. Vous cheminerez agréablement dans ce décor de Far-West sur des sentiers sablonneux, colorés et moelleux au sein d'une végétation riche et variée. Ce site privé est géré par l'Association des propriétaires du Colorado Provençal. La visite est libre ou peut être guidée. Il existe deux sentiers principaux pour visiter le site : le circuit du Sahara (bleu) et le circuit du Belvédère (orange). Pour notre randonnée, nous suivrons un mixte des deux (ACR bleu et ACR orange).

Départ : parking « des Mille Couleurs ».
Accès : 15 km de Simiane. De Simiane, direction Apt par la D 701 puis la D 51, puis suivre la D 22 vers Rustrel. Se garer sur le parking « des Mille Couleurs » (payant, brochure et plan des circuits offert).
Difficulté : balade familiale. Ne pas aller dans les zones interdites (problème d'érosion ou danger d'éboulement). La trace GPS est fournie à titre indicatif, il existe une multitude de sentiers, mais vous retrouverez toujours le parking !

Itinéraire

Suivez la piste à gauche qui traverse la Doa et rejoint le GR®6, continuez vers le sud-est sur 1 km environ et croisez le premier beau et grand site d'ocres, le cirque de Barriès. Quittez la piste 230 m plus loin (1) en tournant à droite et suivez le balisage du circuit ACR1 (orange). Vous entrez dans une belle pinède ponctuée çà et là de châtaigniers, de bruyères à balai et de callune. Longez une série d'escarpements et d'arêtes et repérez à droite un ancien tunnel qui permettait de relier deux sites d'exploitation. Croisez une petite cheminée de fée qui ressemble à un bolet et poursuivez dans le « Désert Blanc ». Plus loin, traversez une pinède composée de pins d'Alep, sylvestres

Un décor de toute beauté !

ITINÉRAIRE
5 km
2h00
105 m+

et maritimes, puis gagnez vers le nord, sur les hauteurs, un point de vue sur le site des cheminées de Fées ②. Admirez la palette des couleurs, mais soyez prudents : le sentier est fragilisé par les passages et des barrières ont été installées. Redescendez par le sud, empruntez une boucle qui vous mène vers le nord-ouest via le frais ravin des Grignans bordé de châtaigniers, d'aulnes et de peupliers (petite cascade du Dégoutau au sud) et rejoignez l'exceptionnel site su Sahara. Admirez la riche palette de couleurs variant du blanc éclatant au rouge foncé ou lie-de-vin, traversez les plaines sableuses et grimpez sur les monticules. Retournez vers le nord, longez un petit aqueduc, suivez la piste qui croise une petite buvette, puis au carrefour, suivez à droite la piste qui retourne au parking.

Un site unique et un superbe terrain de jeu.

Rando n°5

De Rustrel à Gignac, de combes en combes

ITINÉRAIRE
13 km
4h00
450 m+

Entre les reliefs calcaires des monts du Vaucluse et les carrières d'ocres, Rustrel domine une plaine agricole qui produit des vins de l'AOP Ventoux et des truffes noires qui sont vendues aux marchés de Carpentras et Richerenches. L'exploitation de l'ocre et du minerai de fer pour la métallurgie ayant disparu, c'est aujourd'hui le tourisme et la viticulture qui sont les principales ressources de la commune. Au cours de votre randonnée, vous croiserez le beau château mairie du XVIIe siècle, un étonnant et « secret » laboratoire scientifique souterrain, puis rejoindrez le beau et minuscule village de Gignac, son église romane du XIIe siècle et son château du XVIIIe siècle qui domine le village.

Départ : parking « des Mille Couleurs ».
Accès : 15 km de Simiane. De Simiane, direction Apt par la D 701 puis la D 51, puis suivre la D 22 jusqu'à Rustrel. Parkings dans le village.
Difficulté : randonnée sans difficulté. Balisage jaune.

P'tit plus

- Restauration à Rustrel : boulangerie Au Pierrot d'Antan (bons plats de la région à la belle saison, 04 90 04 95 45), l'Auberge de Rustréou (04 90 04 90 90).

Itinéraire

Carte page 113. Gagnez la place et la fontaine, tournez à gauche rue du Château et croisez ce magnifique édifice quadrangulaire, qui abrite la mairie et un gîte d'étapes. Continuez à droite par la rue des Remparts et rejoignez un carrefour et le poteau « Les Charbonniers ». Suivez vers le nord (balisage jaune) la petite route en direction de la Grande Combe et croisez les mystérieuses installations souterraines du « Laboratoire souterrain à Bas Bruit ». Cet ancien poste stratégique de la force de dissuasion nucléaire du plateau d'Albion a été reconverti en laboratoire scientifique pluridisciplinaire.
Continuez sur la piste par deux lacets, longez à gauche la baume des Abeilles, continuez de remonter

Le beau et discret village de Gignac.

la combe via deux autres lacets et croisez le poteau « La Grande Combe ».
Poursuivez vers l'est dans la chênaie par la combe de Caucaille, croisez les ruines du Jas de Désiré et rejoignez le plateau, les champs de lavande et les quelques habitations du Suif (796 m) ❶.
Prenez à droite la petite route qui descend vers le sud-est, puis au niveau d'un champ cultivé, suivez à droite le sentier jaune à travers la garrigue qui descend assez raide et rejoint la route (D 30) au poteau « Côtes-Planes ». Traversez la route **(prudence !)**. Et gagnez le poteau « Combe de Sourdet » ❷, 380 m plus loin.
Rejoignez par ce sentier la piste qui longe à flanc plein sud le plateau de Traboux puis qui traverse vers le sud-est, croise deux pistes puis les ruines de la Grange de Guinde. Continuez jusqu'à croiser la route (D 22) ❸, poursuivez dans le talweg jusqu'à la route (D 112), tournez à droite puis à gauche puis prenez la D 112A jusqu'au poteau « Gignac ». Faites le tour de ce charmant village via le château et la fontaine, suivez la Montado puis la Calado à gauche et revenez sur la D 112 par le chemin de la Fontaine.
Suivez la D 112 sur le côté gauche **(prudence !)** et, au point coté 417 m, suivez la piste à gauche qui ondule, longe la route en contrebas et croise le parking du Colorado Provençal. Au point coté 374 m ❹, traversez **(prudence !)**, prenez à droite le boulevard du Colorado puis la route de Saint-Christol et regagnez votre parking.

Le rocher de la Baume des Abeilles.

LES OCRES DE RUSTREL

Ils proviennent du dépôt de sédiments marins déposés au cours de l'ère Mésozoïque (Crétacé, période de l'Aptien qui vient du nom de la ville d'Apt), formant une épaisse couche de grès constitué de sables argilo-siliceux riches en fer : la glauconie. Ces dépôts, riches en minéraux divers (silicates, manganèse, aluminium), furent ensuite lessivés sous les pluies tropicales provoquant des oxydations qui donnèrent aux sables une grande variété de pigments colorés. Le tout fut recouvert d'une épaisse couche ferrugineuse dont le minerai de fer fut exploité du Ve siècle av. J.-C. jusqu'au XIXe siècle.
Les sables ocreux, quant à eux, furent exploités dès la fin du XVIIe siècle grâce au Roussillonnais Jean-Étienne Astier qui inventa le principe du lavage, décantation, broyage et cuisson des ocres afin d'en conserver leur couleur. L'arrivée des colorants synthétiques en provoqua le déclin inéluctable, la dernière exploitation fermant en 1992.

11

MANOSQUE

SILLONNER LES PAYSAGES BIGARRÉS DE GIONO

Bien que Manosque se situe dans le département des Alpes-de-Haute-Provence, cette ville du Parc naturel régional du Luberon se devait de figurer dans notre sélection. Aux confins de la Provence et des Alpes, les paysages vallonnés et oniriques du Pays manosquin dégagent quiétude et douceur de vivre. Bercés par le cours de la Durance, façonnés par les cultures de la vigne et de l'olive, ils se parent de fleurs blanches des amandiers à la sortie de l'hiver et de tulipes multicolores en mai. De mi-juin à mi-juillet, les champs bleutés de lavande s'épanouissent. Autant de notes qui ont inspiré Jean Giono (1895-1970), le célèbre écrivain et enfant du pays, qui ne quitta jamais ses terres provençales ni sa maison de Manosque aux volets verts, « Lou Paraïs ». De Forcalquier à Mane, pierres millénaires et toits de tuiles ocre et brunes veillent sur l'âme de la Haute-Provence et ses trésors: la montagne de Lure, le village perché de Pierrevert – qui a donné son nom au délicieux cépage du cru, mais aussi pâtés, biscuits et nougats dont la réputation n'est plus à faire.

Ci-dessus : le village de Dauphin (rando n°3). Page ci-contre : champs de tulipes à Lurs. Il n'y a pas que de la lavande en Provence ! © A. Celindano / CRT Provence-Alpes-Côte d'Azur

PRATIQUE

Quand venir

■ De mi-mars à mi-octobre.

Y aller

■ **En voiture :** de Marseille ou Aix-en-Provence, remonter l'A 51 en direction de Gap puis prendre la sortie numéro 18.

■ **En transports en commun :** la gare SNCF de Manosque-Gréoux-les-Bains est régulièrement desservie en TER (ligne 13 Marseille/Aix-en-Provence/Gap/Briançon) et en bus Zou ! (Au départ de l'aéroport Marseille Provence/ligne 66, de Marseille Saint-Charles/lignes 65, 68 et 69, de Briançon/ligne 69, de Barcelonnette et Digne-les-Bains/ligne 68).

■ **Sur place :** le réseau Trans'Agglo permet de se déplacer dans la ville et de rejoindre les communes alentour (dont Villeneuve et Esparron-de-Verdon). Attention toutefois, les trajets sont peu nombreux. Infos et horaires : mobilite.dlva.fr. Plusieurs agences de location de voiture à proximité de la gare.

Se loger

■ **Hôtel du terreau :** des chambres douillettes, colorées, rénovées à l'ancienne avec les matériaux du Luberon. Situé dans la vieille ville, il offre un bon rapport qualité prix.

■ **Contact Hôtel François Ier :** dans la vieille ville également, proche de l'office de tourisme et des commerces, il abrite des chambres sobres et confortables.

■ **Hôtel Belalp :** à deux pas de la gare SNCF, non loin de la gare routière, des chambres fonctionnelles rénovées en 2022 avec possibilité de demi-pension.

Envie d'autres expériences ?

■ À 45 minutes de Manosque en voiture, le majestueux **lac d'Esparron-de-Verdon**, aux eaux d'un bleu intense et bordé de calanques arborées et petites plages, se prête merveilleusement à la baignade, au snorkeling et à la pratique des sports nautiques : bateau à pédales, aviron, voile, paddle, planche à voile ou canoë-kayak. Pour une session sportive ou contemplative dans un décor hors du temps. Trouver un prestataire nautique : tourisme-alpes-haute-provence.com/prestataires-nautiques

■ Avec ses reliefs contrastés, de plateaux en gorges et sentiers escarpés, la Haute-Provence s'est imposée comme une terre d'événements **VTT** et un spot incontournable pour les aficionados. L'espace VTT Provence Verdon, labellisé par la Fédération française de cyclisme, regroupe 52 parcours balisés de tous niveaux, dont une quinzaine au départ de Vinon-sur-Verdon et Gréoux-les-Bains (à 20 minutes de Manosque). Infos : provence-verdon-vtt/gravel.

■ Entre Moustiers-Sainte-Marie et Castellane, les mythiques gorges du Verdon, falaises calcaires dont la hauteur varie entre 250 et 700 m, constituent le plus grand canyon d'Europe. Si vous vous sentez d'humeur aventureuse, explorez-les en mode **sports d'eau vive** : rafting, canyoning ou descente du canyon à la nage. Levez les yeux : ici nichent vautours fauves et vautours moines. Aquattitude (Montagnac-Montpezat 06 79 21 03 77). Des Guides pour l'aventure (Moustiers-Sainte-Marie 06 85 94 46 61).

À VOIR / À FAIRE

■ Les portes Soubeyran (au nord) et Saunerie (au sud), constructions fortifiées, témoignent du passé médiéval de Manosque.

■ Le Centre Jean Giono, pour une immersion totale dans l'univers de l'écrivain.

COUP DE CŒUR

■ Le sentier des Pénitents des Mées : depuis ce charmant village, un itinéraire accessible à tous vous mène à ces curieux et fascinants rochers millénaires.

ENVIE D'AUTRES BALADES ?

■ Au départ de Valensole : l'itinéraire pédestre « Adret de Notre-Dame », qui démarre du parking des Coussières, près de la mairie, serpente entre champs de lavande et amandiers. En toile de fond, la mystérieuse montagne de Lure et les massifs des Préalpes d'Azur.

ASTUCE RANDO

En randonnée, je pense à boire de l'eau très régulièrement et avant d'avoir soif, car cette sensation indique que je suis déjà déshydraté. Boire suffisamment permet à mon corps de mieux gérer l'effort et de profiter pleinement de l'instant.

Ci-contre : **le village de Villeneuve et son campanile (rando n°4).**
Ci-dessous : **les Pénitents des Mées.** © Wikimedia Commons / Einaz80

11 MANOSQUE

La tour du Mont d'Or.

La porte Saunerie.

Rando n°1

De Manosque à la tour du Mont d'Or

Manosque, première ville des Alpes-de-Haute-Provence, est incluse dans le périmètre du Parc naturel régional du Luberon. La belle cité bas-alpine est l'une des portes naturelles et historiques vers la plaine aptienne. Blottie au pied des collines qui jalonnent la Durance, la ville, « ronde comme une carapace de tortue dans l'herbe » comme le dit Jean Giono, a beaucoup de charme. C'est un réel plaisir d'entrer par ses portes médiévales, de cheminer dans ses ruelles au fil de ses quartiers, de ses églises ou de ses fontaines. Pour admirer la ville dans son ensemble, rien ne vaudra le point de vue du Mont d'Or au pied des vestiges de l'ancien château des comtes de Provence.

ITINÉRAIRE
5,4 km
1h50
180 m+

Départ : Manosque, place du Terreau.
Difficulté : aucune difficulté.

Itinéraire

Suivez en face la rue du 14 Juillet, la rue Grande à droite, la rue de la Saunerie à gauche, la rue de l'Aubette à droite, la rue du Dauphiné, en face et la montée des Vraies-Richesses. Prenez à droite l'impasse du Parais 1 pour rejoindre la maison de Giono, « Lou Paraïs » (visite payante). Revenez sur vos pas et plus loin, suivez à gauche le chemin du Docteur-Gérard-Durbet qui ceinture une très belle oliveraie. Continuez à droite 2 et gagnez le sommet du Mont d'Or, sa tour et le point de vue.
Revenez sur vos pas, croisez à droite un petit parking, redescendez par le versant oriental par un sentier qui descend sur une épaule sur 130 m environ, prenez à droite puis à gauche et rejoignez le canal de Manosque 3. Suivez-le jusqu'à rejoindre la montée des Vraies-Richesses que vous redescendez à gauche jusqu'à la rue du Dauphiné (367 m). Prenez à droite le boulevard des Tilleuls, franchissez la porte de Soubeyran et continuez par la rue Soubeyran et la rue des Marchands. Croisez l'hôtel de ville à droite et l'église Notre-Dame-de-Romigier (XVIe-XVIIIe siècles qui abrite une statue de la Vierge noire qui serait la plus vieille de France). Revenez place du Terreau par la rue Grande et la rue du 14-Juillet.

Rando n°2

Les hautes collines septentrionales et la maison de la Biodiversité

Après avoir remonté au creux du vallon l'ancien chemin de Forcalquier, vous allez croiser la partie méridionale de la forêt domaniale de Pélissier puis rejoindre dans les collines la Maison de la Biodiversité, gérée par le Parc naturel régional du Luberon. Ce lieu de mémoire paysanne, créé en 1997, qui abrite des jardins et des vergers, possède une grande collection d'arbres fruitiers avec plus de 400 variétés d'arbres fruitiers : pommiers, poiriers, oliviers, amandiers, pêchers, figuiers, etc. Il propose de comprendre le processus de domestication des fruits, leurs sélections et leurs adaptations aux différents terroirs. Vous croiserez également un bel ensemble de jardins : le jardin en terrasses et sa prairie fleurie, le jardin des roses, le jardin des eaux vives et le jardin sec, le jardin des palmettes et le jardin potager avec ses légumes disparus ou oubliés.

Départ : Manosque, place du Terreau.
Difficulté : un peu de distance. Sentiers, pistes et petites routes.

Itinéraire

Remontez dans la cité la rue du 14-Juillet, la rue Grande, la rue des Marchands, la rue Soubeyran et sa porte.
Continuez sur le boulevard Louis-Martin-Bret, l'avenue de l'Argile 1 et la montée de Saint-Martin-des-Eaux **(prudence sur ces axes !)**. Cheminez sur une bonne piste dans ce très long vallon boisé dans la pinède et la garrigue et rejoignez le col de la Mort d'Imbert (591 m) 2. Traversez la D 5 **(prudence)** et suivez la piste à gauche (barrière) « balade de Pétavigne » qui ondule à flanc de coteau et qui rejoint le val des Chats et croise une nouvelle piste. Au niveau d'une citerne 3, prenez à gauche le sentier puis la piste du chemin du Val-des-Chats. Au point coté 562 m, prenez à droite la piste sur 400 m et, peu après la barrière, continuez à droite sur la piste qui monte vers la forêt domaniale de Pélissier. Au niveau de la courbe, remarquez à droite les

Une belle poule faisanne.

11 MANOSQUE

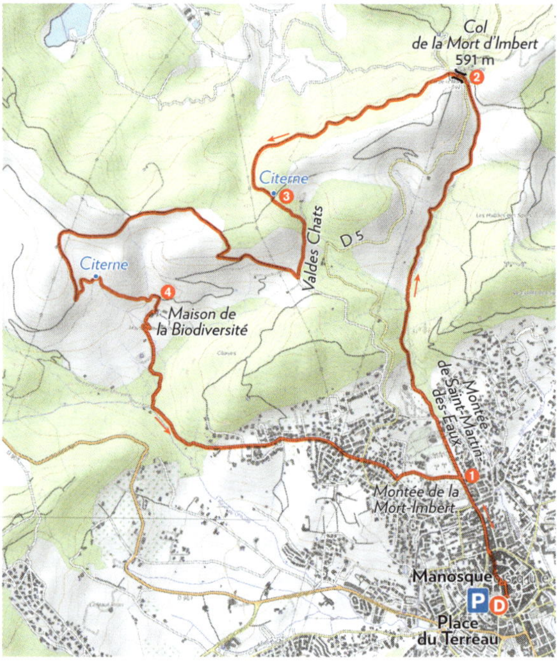

ITINÉRAIRE
13,9 km
4h00
380 m+

Ruines d'un château.

ruines d'un château, suivez ensuite en épingle à gauche le sentier (balisage jaune) qui traverse des pâturages, croise une citerne et rejoint une piste et une nouvelle citerne (laissez le sentier jaune à droite). Prenez à droite et gagnez la Maison de la Biodiversité de la Tomassine 4.

Descendez plein sud par la petite route, le chemin de la Tomassine, puis continuer vers l'est via une série de quartiers résidentiels. Traversez la D 5, poursuivez sur le chemin de Villemus puis la montée de la Mort-Imbert et longez le complexe sportif.

Retrouvez à droite la route de l'Argile (D 5) 1 où vous retrouvez l'itinéraire emprunté à l'aller.

Derrière les restanques, la Maison de la Biodiversité.

Rando n°3

Forêt de Pélissier

Au sud-est du département des Alpes-de-Haute-Provence, la forêt domaniale de Pélissier d'une superficie d'environ 11 km², est établie essentiellement sur les communes de Manosque, Volx, Dauphin et Saint-Martin-les Eaux. Elle couvre une chaîne de petites montagnes et collines de nature sédimentaire composées de calcaire, de marnes, de grès et de gypses d'époques Miocène, Oligocène et Crétacé. À l'ombre des pins noirs d'Autriche, des pins d'Alep et sylvestres, des chênaies vertes et pubescentes et de quelques parcelles en cèdres de l'Atlas, quatre itinéraires familiaux sont proposés: le chemin des Roches (violet, 1,8 km), le chemin des Collines (vert foncé, 3,3 km), le chemin du Coucou (rouge, 2,1 km) et le chemin du Serre (bleu, 3,5 km). Bref, d'agréables randonnées à faire en famille dans une belle nature protégée.

ITINÉRAIRE
10,1 km
3h00
380 m+

Pour une pause bienvenue.

Départ : parking de Bellevue.
Accès : de Manosque, suivre au nord la D 5 jusqu'au col de la Mort d'Imbert puis prendre la petite route (piste sur la fin) qui rejoint le parking de Bellevue.
Difficulté : balisages multiples sur de bons sentiers. Quelques raidillons.

Itinéraire

Suivez la belle piste des crêtes, remarquez vers le nord-ouest les installations de stockage de gaz, croisez une piste à droite et continuez jusqu'au carrefour du col de la Mort d'Imbert (591 m) ❶. Prenez à droite la D 5 sur 80 m et continuez à gauche sur la piste qui descend jusqu'à un parking et suivez maintenant le sentier des Roches (traits violets) qui monte à droite de la piste. Traversez à flanc et descendez sous la pinède dans un vallon par quelques lacets. Prenez à gauche, croisez une piste, continuez à droite sur un sentier et rejoignez un ancien parking ❷ dans une belle pinède.
Suivez à gauche le chemin du Serre (traits bleus) qui monte et longe la crête d'une colline et jetez un œil

sur les installations de stockage souterrain d'hydrocarbures de Passaire.
Contournez la colline vers l'est et prenez le sentier à gauche qui descend dans le vallon dans une belle chênaie pubescente et rejoint un carrefour de pistes (522 m). Suivez celle de gauche qui chemine dans de vastes prairies ponctuées de grands pins et rejoignez le « château » de Pélissier, plutôt une ancienne ferme, qui abrite une population de petits rhinolophes, une espèce rare de chauve-souris qui a élu domicile sous le toit restauré de l'édifice.
Longez une citerne et une fontaine sous des marronniers, croisez une piste puis un vallon, suivez le chemin du Coucou (traits rouges) puis celui des Collines au rond-point des Bonbons (traits vert foncé). Remontez et traversez des landes et des pinèdes puis rejoignez la route au lieu-dit « Gontard » (433 m) ❸. Longez la route un peu plus de 300 mètres et traversez **(prudence !)**. Suivez le sentier balisé jaune qui va remonter la

Après le chêne pubescent, le « château » de Pélissier.

lande et onduler au pied des collines de l'Escourteja (belle vue sur le village de Dauphin). Prenez à droite au point coté 609 m puis remontez vers le parking via le sentier qui remonte une coulée débroussaillée.

Rando n°4

Sommet du Cadé, ravin de l'Achanal et vestiges de la roche Amère

La roche Amère possède deux profils totalement différents et opposés. Le côté pile avec un versant oriental qui nous montre une belle colline boisée d'une riche végétation méditerranéenne, alternant chênaies vertes et blanches, pinèdes de pins d'Alep et une garrigue basse odoriférante ici et là et surmontée d'un bel escarpement calcaire ayant la forme d'une canine. Côté face, c'est la désolation : la canine est cariée ! Tout le côté occidental est rogné, degrés par degrés par une carrière à ciel ouvert qui fournit des tonnes de granulats. Le sommet de la roche Amère est coiffé des vestiges d'un castrum moyenâgeux et son château. Sur ses flancs subsiste une belle chapelle des XIe-XVIIe siècles et l'on peut également y cheminer sur un sentier botanique et y découvrir de belles espèces dûment étiquetées.

Départ : Villeneuve.
Accès routier : de Manosque, suivre la D 4096 vers Volx puis D 216 jusqu'à la place Aimé-Aillaud (place de la Mairie).
Difficulté : randonnée sans difficulté. Quelques sentiers caillouteux et glissants.

Itinéraire

Suivez au nord le chemin des Oliviers (D 216) sur une centaine de mètres, puis à la fourche prenez à gauche le chemin de la Tubette suivi du chemin de Trécol. Continuez sur la piste du même nom jusqu'à une intersection (533 m) ❶ au niveau d'un virage serré. Prenez à droite vers l'est puis vers le sud et rejoignez (aller-retour) le magnifique point de vue du Cadé (572 m) : superbe panorama sur les montagnes du Mercantour, des Alpes-de-Haute-Provence, sur la vallée de la Durance et le canal de Provence.
Retournez à l'intersection (533 m) ❶ et suivez le sentier en face, vers l'ouest, qui traverse des pinèdes et des chênaies et prenez à droite au point coté 528 m ❷.
Continuez plein nord, croisez le Jas des Canebières et gagnez la D 216 **(prudence)**. Suivez-la sur un peu plus de 600 m, coupez la courbe par un sentier à gauche qui longe un champ et traverse la forêt jusqu'au

Vue sur les Alpes et la vallée de la Durance depuis le Cadé.

croisement de Font Chabanne (503 m) 3.
Prenez plein sud une piste et suivez 240 m plus loin un sentier qui va redescendre à flanc le coteau de Costebelle puis rejoindre le ruisseau via le ravin de l'Achanal et gagnez la route D 13 4.
Marchez à gauche sur 50 m et prenez la grande piste à gauche qui va remonter le flanc de la colline de la Bruyère au-dessus du ravin de l'Achanal. Passez près d'une citerne puis d'un hangar, rejoignez le chemin Notre-Dame, longez en contrebas une propriété, puis plus au sud, prenez à droite la piste « montée de la Chapelle » (491 m) 5.
Remarquez les étiquettes qui désignent les plantes d'un sentier botanique et montez par deux lacets jusqu'à la chapelle Notre-Dame-de-la-Roche. Gagnez ensuite le sommet du rocher, couronné par les vestiges du château, son enceinte et de quelques habitations ruinées (soyez prudent !) et profitez de la vue sur la vallée de la Durance et le village de Volx.
Retournez au chemin de Notre-Dame (491 m) 5, que vous suivez à droite pour rejoindre le chemin de la Tubette puis le parking.

Variante courte

Du point 2, prenez à gauche. Traversez des champs et des prairies et descendez plein sud jusqu'à la piste, le « Chemin Notre-Dame », où vous retrouvez l'itinéraire principal.

RANDO N°4
13,1 km
3h50
460 m+

VARIANTE COURTE
7,8 km
2h15
310 m+

12

VAISON-LA-ROMAINE ET GIGONDAS

TÉMOINS MILLÉNAIRES DE L'HISTOIRE DE LA VIGNE ET DES HOMMES

Eldorado des randonneurs, ce coin mythique du Vaucluse se déploie autour des Dentelles de Montmirail. Chaînes de roches aux traits délicats façonnés par l'érosion, elles culminent à 755 mètres. Depuis leurs flancs calcaires à végétation méditerranéenne – pins d'Alep, chênes verts et plantes aromatiques –, on savoure de sublimes panoramas sur les plaines verdoyantes alentour, où les vergers sont nombreux. Mais la star du cru depuis toujours, c'est la vigne ! Choyée par le soleil et le mistral, elle se mue en rouges puissants d'appellation Côtes-du-Rhône, dont la réputation a largement dépassé nos frontières. Truffes et berlingots complètent ce savoureux tableau. Porte d'entrée sur les Dentelles, Gigondas a conservé son identité médiévale avec son enceinte fortifiée, ses ruelles et les vestiges de son château féodal. Au nord, la bien-nommée Vaison-la-Romaine, plus important champ archéologique de France, dévoile une histoire encore plus lointaine.

Ci-dessus : **ville antique de Vaison-la-Romaine.**
© A. Simon / CRT Provence-Alpes-Côte-d'AZur
Page ci-contre : **La chaîne des Dentelles Sarrasines vue depuis la Grande Montagne (rando n°4).**

PRATIQUE

Quand venir

■ De début mars à fin octobre. Ou même dès la mi-décembre pour les amateurs de truffes. En été, assurez-vous de l'accès aux massifs forestiers (voir restrictions incendies page 7). Éviter les heures les plus chaudes.

Y aller

■ **En voiture :**

■ De Marseille ou Aix-en-Provence, remonter l'A 7 en direction de Valence puis prendre la sortie 21 : Orange centre, puis la D 975 jusqu'à Vaison.

■ Depuis Nîmes et Montpellier : A 9 puis sortie Orange centre et D 975.

■ **En transports en commun :** les gares les plus proches sont celles d'Orange (desservie par le TGV, l'option la plus simple pour louer une voiture) et de Carpentras. Depuis Aix-en-Provence, le bus Zou ! (ligne 57) vous mènera à Carpentras, mais les trajets quotidiens sont limités. Pour rejoindre Vaison, vous pouvez emprunter le bus Zou ! depuis Orange (ligne 904) ou Carpentras (Ligne 911), mais le nombre de trajets reste aussi très limité.

■ **Sur place :** le réseau Trans'Cove dessert Carpentras et ses environs (mais pas Vaison-la-Romaine) Infos : transcove.com. Le plus simple reste d'avoir une voiture.

Se loger

■ **Hostellerie Le Beffroi (à Vaison) :** si votre budget le permet, cette bâtisse aux pierres apparentes en plein cœur de la cité médiévale, avec piscine et vue sur le village, promet un beau dépaysement. 04 90 36 04 71.

■ **Hôtel Burrhus (à Vaison) :** idéalement situé place Montfort, la plus animée de la ville. Chambres chaleureuses, colorées et confortables. 04 90 36 00 11.

■ **Gîte d'étape des Dentelles (à Gigondas) :** un gîte de groupe réputé pour son excellent accueil. Il permet de séjourner à Gigondas à un prix défiant toute concurrence. 04 90 65 80 85 / 06 10 26 98 33.

Envie d'autres expériences?

■ Ce coin de Provence constitue un site incontournable pour la pratique de l'**escalade** depuis plusieurs décennies. Outre les Dentelles de Montmirail, à Gigondas, vous pouvez vous initier à la grimpe au site du Grand Devers. Le rocher du Cayron et la Vague d'Etrave sont recommandés aux grimpeurs plus expérimentés. Tout comme le rocher Saint-Christophe, dans le hameau en terrasse voisin de Lafare. Se renseigner et trouver un prestataire: provenceguide.com

■ Rien de tel qu'une balade à **vélo** pour se ressourcer, se dépenser et apprécier les paysages pittoresques du Vaucluse. La Provence à vélo propose plusieurs idées de circuits: «Villages médiévaux autour de Vaison-la-Romaine», boucle de 3h (difficulté intermédiaire), où l'on découvre aussi villages perchés et vestiges romains. Ou «Les villages des Templiers autour de Vaison-la-Romaine», un parcours de 4h (niveau difficile). Mais de nombreux autres itinéraires existent. Se renseigner et trouver un loueur de vélos: provence-a-velo.fr

■ S'il y a une destination de Provence où vous laisser tenter par une **expérience insolite autour de la vigne**, c'est bien celle-là! Plusieurs possibilités s'offrent à vous: un circuit nature et villages à bord d'une Dyane des années 1970 (Les apéros perchés de Youpi Tours à Vaison-la-Romaine), une balade commentée par un viticulteur au domaine (Cave du Gravillas à Sablet). Mais aussi la visite du vignoble de Gigondas en 4x4 (Domaine de Longue Toque, Gigondas) ou tout simplement une visite de chai suivie d'une dégustation (Pierre Amadieu, Gigondas). Plus d'infos: provenceguide.com

À VOIR / À FAIRE

■ Les sites archéologiques de Puymin et La Villasse, au pied de la cité médiévale de Vaison-la-Romaine.
■ Le marché du mardi matin à Vaison-la-Romaine, institution dans la région.
■ Le patrimoine juif de Carpentras, ancienne capitale du Comtat venaissin.

COUP DE CŒUR

■ Entre Vaison et Gigondas, le village médiéval de Crestet (rando n°1), où vivent 400 habitants, dégage un charme particulier. Ruelles pavées, passages sous voûtes et arches de pierres, fontaine et lavoir... le temps semble ici s'être arrêté.

ENVIE D'AUTRES BALADES?

■ Depuis 1994, le haut du village de Gigondas accueille un cheminement de sculptures contemporaines semi-monumentales dont les œuvres sont régulièrement renouvelées. Un itinéraire artistique avec vue sur les vignes à découvrir au coucher du soleil.

ASTUCE RANDO

Dans le sud de la vallée du Rhône, on a coutume de dire que le mistral, ce vent froid et sec qui atteint les 100 km/h, rend fou. Il peut quoi qu'il en soit rendre la randonnée pénible. Je vérifie les conditions météo avant mon départ.

Ci-dessus : **fenêtres naturelles au-dessus de la brèche de la Pousterle (rando n°3).**
Ci-dessous : **balade dans les vignes ensoleillées près du village de Gigondas.** © J. Auray / CRT Provence-Alpes-Côte-d'Azur.

12 VAISON-LA-ROMAINE ET GIGONDAS

Rando n°1

D'un château à l'autre

Une balade familiale et médiévale qui nous emmènera du château des comtes de Toulouse au château du Crestet, clé de voûte du système défensif de la vallée de l'Ouvèze, avec des vues imprenables sur le Ventoux et les Baronnies.

Départ : Vaison-la-Romaine, parking sous l'aqueduc, 235 m.
Accès : de Vaison-la-Romaine, prendre direction le cimetière sur la D 977. Tourner à gauche au giratoire en direction de la haute ville. Au carrefour, obliquer à droite vers le domaine des Roches Fortes.
Difficulté : sentier caillouteux et pentu au départ, facile ensuite.

P'tit plus

- À Crestet, le restaurant-glacier *La Terrasse du Crestet*, 04 90 28 76 42.

Itinéraire

Suivre la route en montée pendant 300 m jusqu'au carrefour (poteau jaune « derrière le château ») 1. Prendre à droite. Suivre la route sur 400 m 2. Tourner à gauche (jaune rouge, gros bloc), continuer à monter jusqu'au gros chêne 3. Emprunter le sentier balisé à gauche. Grimper sur Serre Long (jaune rouge) et suivre la crête jusqu'à la route 4. Obliquer à droite, continuer 50 m, prendre à gauche jusqu'au cabanon au milieu des vignes 5. S'engager à gauche sur le chemin entre les vignes. Tourner à droite devant le cabanon (jaune rouge) 6. Suivre la piste (barrée par une chaîne après 2,5 km) jusqu'au carrefour 7. Au panneau « les Faysses », bifurquer à gauche et aller tout droit au château du Crestet. Retour par le même itinéraire.

Crestet.

ITINÉRAIRE
11 km
3h30
280 m+

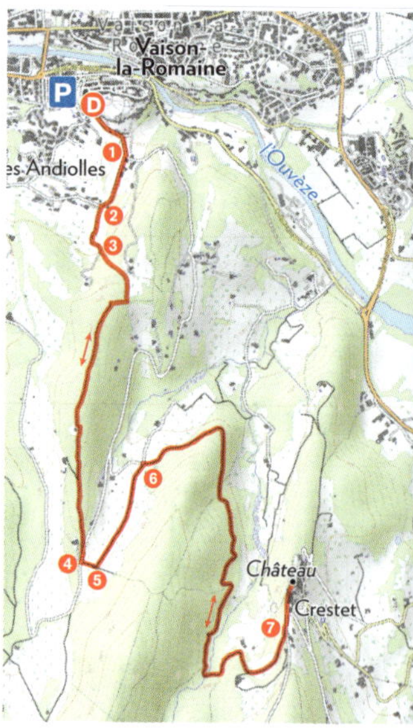

Le château des comtes de Toulouse.

Rando n°2

Les Gippières

Ce parcours plein de charme dévoile une palette de couleurs le long des murs de pierres sèches, des vieilles terrasses et des sentiers en pinède pour s'attarder à la découverte de l'écaille rocheuse des Gippières vers des points de vue inédits sur les reliefs des Dentelles de Montmirail. Possibilité d'un supplément bucolique à travers vignes et vergers jusqu'à l'abbaye du Barroux.

Départ : col de la Chaîne, 468 m.
Accès : de Vaison par la D 938 se diriger vers Malaucène. À l'entrée de Malaucène, prendre à droite la D 90 jusqu'au col de la Chaîne. Se garer en bord de route au col de la Chaîne. De Gigondas, rejoindre Beaumes-de-Venise, puis par la D 90 via Lafare et Suzette gagner le col de la Chaîne.
Difficulté : balade familiale. Plusieurs passages en bord de falaises, soyez vigilant avec les enfants.

P'tit plus

- Bar-restaurant l'Entr'Potes au Barroux, 04 90 65 57 43.
- Visite du village du Barroux ou de Suzette.
- Château du Barroux, 06 59 13 13 21.
- Marché de Malaucène le mercredi matin.

Les Gippières

Prendre la piste à gauche (balisage rouge/blanc) de la citerne DFCI vers le Barroux. Ignorer un premier chemin à gauche. 100 m après, 1 suivre l'itinéraire balisé sur la gauche. Le sentier flâne dans la pinède pendant 1,1 km. À l'intersection (les Issards) 2, virer à gauche, ignorer la croix rouge/jaune et monter le sentier de droite. Il accède après 1 km à une brèche rocheuse. 3 Aller à gauche (non balisé) dans le taillis de chênes verts. Grimper et rester le long de la ligne de crête. Prudence au bord des falaises ! Très beaux points de vue jusqu'au sommet des Gippières. 4 Le parcours plus accidenté sinue en sous-bois en fin de descente, infléchit à gauche, passe devant une ruine et retrouve la piste de départ.

Abbaye Sainte-Madeleine du Barroux

En AR (4,4 km, 120 m+, 1h30 plus visite).
En 2, descendre le sentier à droite dans la pinède balisage rouge/jaune. L'itinéraire balisé longe

L'abbaye Sainte-Madeleine du Barroux.

L'ABBAYE SAINTE-MADELEINE DU BARROUX
Construite à la fin du xxe siècle, l'abbaye Sainte-Madeleine du Barroux fait partie de la confédération bénédictine. À partir de 1970, une première communauté de moines s'agrège et s'installe à Bédoin autour du père fondateur, dans l'ancien prieuré roman de la Madeleine (xiie siècle). L'agrandissement de la communauté conduit à la construction de l'abbatiale actuelle qui sera consacrée en 1989. Face à l'afflux de nouvelles vocations, l'abbaye essaime en 2002, pour fonder un nouveau monastère à Saint-Pierre-de-Clairac, dans le Lot et Garonne.

12 VAISON-LA-ROMAINE ET GIGONDAS

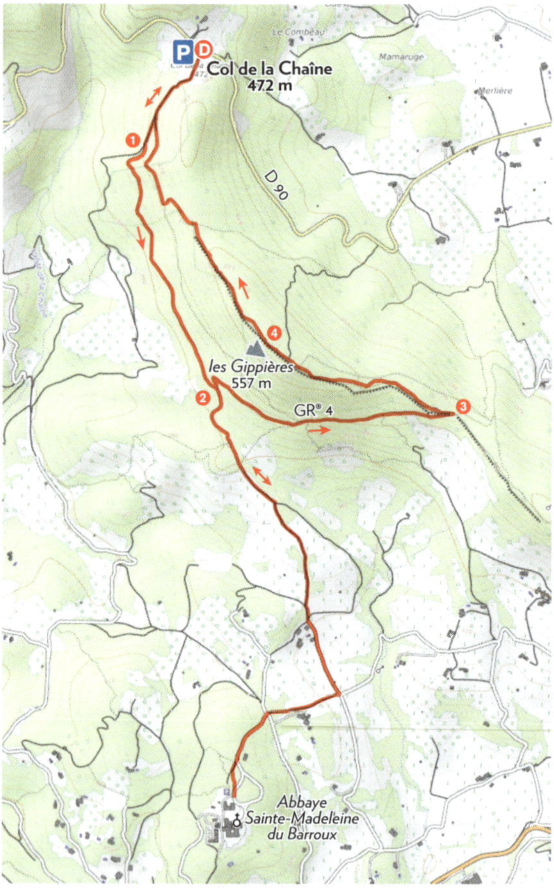

RANDO N°2
5 km
1h30
140 m+

AVEC AR
ABBAYE DU
BARROUX
9,4 km
3h00 (visite en sus)
260 m+

Vestiges d'un aqueduc à oculus.

une vigne, oblique à droite devant un talus ocre rouge, traverse de nouvelles parcelles viticoles et une belle oliveraie. Passer devant une propriété et atteindre l'intersection de Bois Long (pour les curieux, à 150 m à gauche, vestiges d'un aqueduc à oculus du XIXe siècle). Monter le chemin, à droite (vers Lafare). Attention ! en haut (terre-plein), filer tout droit par le sentier balisé, vers une intersection. Monter en face, par la route, jusqu'à l'abbaye Sainte-Madeleine du Barroux.

Les Dentelles et le vignoble de Suzette depuis les Gippières.

Rando n°3

Les Dentelles Sarrasines

Dans les Dentelles Sarrasines, nez au vent, regard perdu à l'horizon, le promeneur grimpe, marche, chemine pour découvrir les arêtes calcaires finement ciselées par le temps! De la brèche de la Pousterle au rocher du Turc, c'est l'appel des cimes...

Retour sur le village de Gigondas.

Départ : devant la mairie de Gigondas, 238 m
Accès : Gigondas. Si vous venez de Vaison, via la D 977 et Sablet, garez-vous garer dans le village, parking Bacchus gratuit.
Difficulté : passage escarpé et aérien, sentier demandant une bonne agilité, balisage aléatoire.

P'tit plus

■ À Gigondas :
- Petite restauration et salon de thé au *Carré Gourmand*, 04 90 37 11 28.
- Restaurant *À l'ombre des Dentelles*, 04 90 12 96 12.

Itinéraire

Remonter la rue Eugène-Raspail, puis la montée d'Hospices (direction col du Cayron). Au premier virage, prendre la route à gauche balisée rouge/jaune. Après 600 m, prendre un sentier balisé bleu à droite (direction col du Cayron) ①. Après 800 m, rattraper une piste. La prendre à gauche sur 50 m, puis monter à droite (balisage bleu). Juste après (fontaine de Tonin) grimper par le petit sentier à gauche. Rattraper une large piste ②. La suivre à droite 500 m jusqu'au col du Cayron ③ (variante facile jusqu'au point ⑧ par la piste à droite). Traverser la piste face aux Dentelles et monter en sous-bois par le sentier de droite balisé en bleu. Avant les barres rocheuses, rester sur le sentier balisé de gauche et grimper jusqu'à la grande brèche de la Pousterle ④. Obliquer à droite (points bleus). Monter dans des blocs et se diriger vers la falaise. Longer le rocher du Turc (terrain escarpé). Atteindre une brèche dans les chênes verts (points bleus) ⑤. Continuer à gauche en longeant le pied de la falaise. Descendre jusqu'à une intersection ⑥. Ignorer la sente descendante (croix bleue), mais monter à droite (balises bleues). Faire 50 m puis grimper à droite (cairn) fortement dans la pente vers une petite brèche rocheuse et escarpée (points bleus). Attention ! Petit passage d'escalade ⑦. En haut, tourner à gauche, suivre la crête puis descendre (balisage bleu) pendant 900 m jusqu'à une piste ⑧. La suivre à gauche sur 30 m. Descendre dans le virage par un petit sentier à droite (citerne 233). Rattraper une piste. La suivre à droite. La garder à gauche au virage suivant et descendre (route) jusqu'à Gigondas.

ITINÉRAIRE
6 km
2h30
350 m+

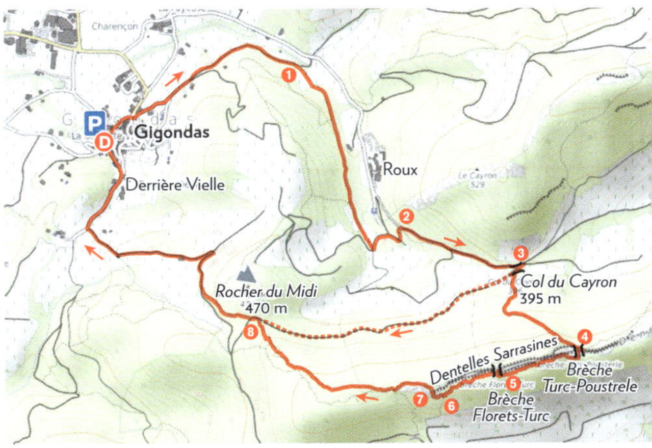

Rando n°4

Les Dentelles sarrasines, la crête des Trois Yeux et la Grande Montagne

La chaîne des Dentelles de Montmirail ne dépasse guère 700 m, mais la vigueur de son relief, avec ses lames calcaires verticales finement ciselées par l'érosion dont la blancheur tranche le bleu du ciel, en fait un massif de légende. Les Romains l'avaient d'ailleurs baptisé *mons mirabilis* soit « mont des merveilles ». Familles, randonneurs et passionnés d'escalade viennent y savourer de grands bols de nature. Au départ du village médiéval de Gigondas, l'itinéraire propose un aperçu des plus beaux décors des Dentelles. Dans un univers minéral tempéré par la présence des bois et des vignes en contrebas, il parcourt successivement le chaînon des Dentelles Sarrasines, puis la crête des Trois Yeux et la Grande Montagne qui leur sont parallèles.

Accès et point de départ : identique à rando n°3.
Difficulté : pour randonneurs. Sentier parfois raide et rocheux.

Itinéraire

Prendre au sud le chemin des Dentelles (balisé jaune), franchir un ruisseau et parvenir à un carrefour ❶. Choisir la voie de gauche et marcher plein est jusqu'à une bifurcation. Négligeant le chemin en face, continuer le chemin des Dentelles en prenant à droite l'épingle à cheveux et poursuivre la montée en sous-bois sur 200 m. Repérer à gauche le départ d'un sentier. S'y engager et grimper jusqu'à la table d'orientation implantée sur le rocher du Midi (jolies perspectives sur le village et le vignoble, les Dentelles Sarrasines et le mont Ventoux). Descendre ensuite vers le sud-est par des marches pour rejoindre rapidement la piste venant du col du Cayron ❷. La traverser obliquement et emprunter à droite le « sentier d'accès aux Dentelles » (point bleu) désigné par un petit panneau. Il s'élève en pente régulière sur la partie occidentale des Dentelles Sarrasines, à travers un bois de pins, puis dans une garrigue où le buis abonde. De belles échappées s'ouvrent progressivement au nord sur le rocher du Cayron et la Grande Montagne et sur les vignes qui tapissent les versants. Parvenu à la crête, repérer à droite un sentier bien évident (non balisé) à hauteur d'un point bleu ❸.
L'emprunter et atteindre le sommet de tête Vieille (563 m). Belvédère d'où l'on peut apercevoir le village de Sablet et la plaine viticole du Rhône et, plus proches, les crêtes parallèles du Grand Montmirail et des Clapis.
Revenir sur ses pas jusqu'à la jonction avec le sentier principal ❸ et tourner à droite. Progresser vers l'est avec le balisage « point bleu » jusqu'à venir buter contre une première lame calcaire, et la contourner par la gauche. Longer en face nord l'alignement des aiguilles blanches dressées vers le ciel. C'est le paradis des grimpeurs dont les silhouettes se profilent sur les rochers. Au loin se dresse la haute stature du mont Ventoux. On parvient au niveau du rocher du Turc à une jonction de sentiers ❹. Bifurquer à gauche avec le balisage « point bleu » et dégringoler en sous-bois vers le col du Cayron au niveau

Chapelle Saint-Côme et Saint-Damien.

d'un grand carrefour (5). Choisir la deuxième piste à droite (la première est interdite) et cheminer 100 m jusqu'à une fourche. Opter pour la gauche, marcher environ 250 m sur le chemin de Suzette et repérer à gauche le départ d'un sentier balisé en jaune (6).
Débute la montée vers le rocher des Trois Yeux et la Grande Montagne. Laissant à gauche les falaises de l'école d'escalade, grimper par une pente marquée et atteindre la crête. Progresser en négligeant des départs de sentiers à droite pour parvenir au point culminant de la Grande Montagne (585 m). Cette longue crête de 3 km environ forme un bien joli balcon sur les Dentelles Sarrasines au sud, les monts de Vaucluse et le Ventoux à l'est, les Baronnies au nord. Descendre en sous-bois jusqu'à une piste (7).
Choisir la gauche (balisage point bleu) et monter pour franchir le pas de l'Aigle situé entre la Grande Montagne et la crête de Saint-Amand. S'élever encore un peu avant d'amorcer la descente, puis repérer à droite un bon sentier marqué aux couleurs rouge et jaune de GR® de Pays « Tour des Dentelles

Lames calcaires emblématiques des Dentelles.

de Montmirail ». Poursuivre tout droit sur la piste désormais balisée rouge et jaune jusqu'à un embranchement (8) situé en contrebas d'une vigne sous le lieu-dit « le Pourra ».
Laisser partir à droite le GRP® et poursuivre tout droit. La piste décrit des lacets entre vignes et bois et offre de belles perspectives sur les falaises des rochers des Trois Yeux et les rochers du Cayron. La descente s'accentue et l'on atteint la route D 229 (9).
La prendre à droite sur 300 m et franchir un petit pont. À sa sortie, la route est rejointe à droite par un chemin aux couleurs du GRP® (10).
Marcher encore quelques mètres sur la D 229, et bifurquer à gauche sur un bon chemin balisé GRP® qui mène tranquillement à Gigondas. En cheminant, remarquer à droite au bas d'une colline boisée la très jolie chapelle Saint-Côme et Saint-Damien (XIIe siècle). Parvenu au carrefour du chemin de Font Sane, négliger à droite le chemin GRP®, et aller à gauche sur 50 m environ pour trouver un parking à droite.
Au fond du parking, franchir la porte du Vaton qui s'ouvre dans le rempart et traverser le pittoresque village de Gigondas jusqu'à la mairie.

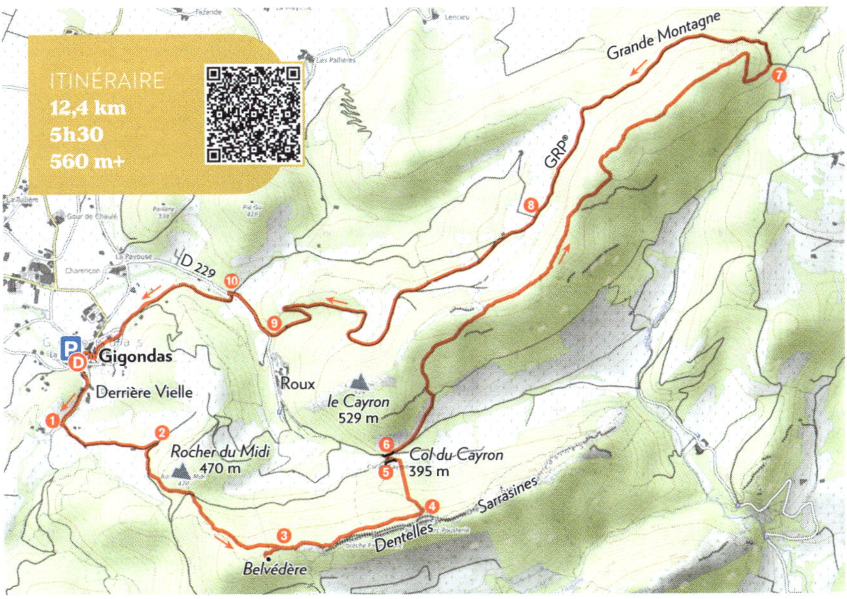

13

MONT VENTOUX • MALAUCÈNE

ENTRE PAYSAGES PROVENÇAUX ET DÉCORS ALPINS

Dans ce secteur du nord du Vaucluse, le mont Ventoux, avec son sommet culminant à 1912 mètres, attire tous les regards. Pourtant, sur ses pentes et à ses pieds se trouve tout un monde à explorer. La végétation encore typiquement provençale, avec ses chênes, ses pins et ses cèdres, côtoie le décor pastoral du mont Serein et l'ambiance alpine du « Géant de Provence ». Le tout formant un territoire aux reliefs et à la biodiversité particulièrement riches et variés, qui font le bonheur des amoureux de la nature et des beaux paysages. En randonnée, profitez des points de vue sur les Dentelles de Montmirail et les vignes en terrasses, mais aussi sur les Baronnies ou sur les villages nichés dans ce paysage captivant. À Malaucène, montez jusqu'au Calvaire, pour profiter d'une vue imprenable sur le village et les alentours. Enfin, en haut du mont Ventoux, apercevez la mer et peut-être le mont Blanc au loin !

Ci-dessus : le pont de Saint-Léger-du-Ventoux (rando n°2). Page ci-contre : Harmas Jean-Henri Fabre, musée et jardin, à Sérignan-du-Comtat. © A. Celindano / CRT Provence-Alpes-Côte-d'Azur

PRATIQUE

Quand venir

■ Les randonnées près de Malaucène peuvent s'apprécier toute l'année, mais du côté du mont Serein et du mont Ventoux, mieux vaut éviter la saison hivernale pendant laquelle il peut neiger et faire très froid !

■ En été, assurez-vous également de l'accès aux massifs forestiers (voir restrictions incendies page 7).

Y aller

■ **En voiture :**

– Depuis l'A 7, en venant du nord, prendre la sortie 19 vers Alès/Vaison-la-Romaine puis suivre la départementale en direction de Vaison-la-Romaine, puis suivre Malaucène.

– Depuis l'A 7 en venant du sud, prendre la sortie 23 vers Avignon Nord et suivre la direction de Carpentras, puis de Malaucène.

En transports en commun : il n'y a pas de gare SNCF à Malaucène. Vous pouvez vous rendre en train dans les gares les plus proches que sont Avignon TGV, Avignon Centre, Carpentras et Valréas.

– Depuis ces gares, il faut ensuite emprunter les bus de proximité du réseau Zou ! qui desservent les environs : la 985 depuis Avignon ou Valréas et la 911 depuis Carpentras. La ligne K du réseau Trans'Cove relie également Carpentras à Malaucène. Retrouvez les détails des lignes et les horaires sur zou.maregionsud.fr/se-deplacer-en-bus/ et sur www.transcove.com/.

■ **Sur place :** pour rejoindre les points de départ des randonnées excentrées de Malaucène, comme le mont Serein, le trajet ne peut se faire qu'en voiture.

Se loger

■ La Ferme du Désert : un joli gîte de campagne qui offre à la fois une atmosphère paysanne et un accueil tout confort. (04 90 65 29 54 / 06 30 70 31 96 ou sur gite-vaucluse-ventoux.com)

■ Le Mas en Scène : chambres d'hôtes haut de gamme à la décoration travaillée par une designer d'intérieur (06 37 04 64 61).

■ Camping Le Bosquet : proche du centre et avec piscine (04 90 65 29 09).

■ Camping Le Mont Serein : de jolis petits chalets en bois pour dormir dans une ambiance montagnarde et avec un accès direct au mont Ventoux (04 90 60 49 16).

13 MONT VENTOUX • MALAUCÈNE

Envie d'autres expériences ?

■ Sortie « cavage » : partez à la **recherche de la truffe**, le diamant noir de Provence et véritable spécialité du Ventoux, avec Robert Florent et son chien truffier (06 80 55 30 47) et profitez d'une dégustation avec un bon verre de vin !

■ Descendre les pentes du mont Ventoux en **VTT** ou en **kart** : en été, les stations du mont Ventoux et du mont Serein aménagent des aires de jeux et d'activités avec notamment le Bikepark et le Devalkart, pour dévaler les pentes même sans la neige ! Contactez Cap Ventoux Expériences (04 90 63 42 02).

■ Promenade œnogastronomique avec Les Convives de Lafleur : une immersion totale au cœur d'un **domaine viticole**, avec présentation du terroir et des appellations, balade au milieu des vignes, visite des caves, dégustation… (06 51 19 17 06).

À VOIR / À FAIRE

■ Le château du Barroux : édifice médiéval imposant classé Monument Historique qui abrite une distillerie de whisky et offre un superbe panorama sur le Ventoux.

■ L'abbaye Sainte-Madeleine du Barroux : monastère de moines bénédictins avec une boutique proposant des produits fabriqués lors d'ateliers monastiques (pains, brioches, huiles, vins…).

■ Au cœur de Malaucène : l'église Saint-Michel et le marché du mercredi matin.

■ Notre-Dame du Groseau : belle chapelle romane située à l'extérieur de Malaucène.

■ L'Harmas de Jean-Henri Fabre et le Naturoptère à Sérignan-du-Comtat : un centre culturel et pédagogique dédié à la biodiversité situé dans l'ancienne demeure du célèbre entomologiste.

ENVIE D'AUTRES BALADES ?

■ Dans la vallée du Toulourenc, plusieurs sentiers de découvertes botaniques ont été aménagés autour des communes de Saint-Léger-du-Ventoux, Brantes ou Savoillans. Une bonne manière d'apprendre à reconnaître les plantes aromatiques, médicinales ou tinctoriales. Plus d'infos sur www.toulourenc-horizons.org.

■ Du col de la Chaîne, proche de Malaucène, vous pouvez également parcourir la balade n°2 du week-end 12.

COUP DE CŒUR

■ Le minuscule village de Suzette au charme provençal et pittoresque, perché au-dessus des vignes au cœur du cirque de Saint-Amand et offrant une vue magnifique sur les Dentelles de Montmirail.

ASTUCE RANDO

Depuis le retour du loup, les troupeaux autour du massif du Ventoux sont escortés par des chiens de berger. Veillez donc à ne pas approcher les troupeaux et à bien tenir votre chien en laisse.

Ci-dessus : **Malaucène.**
Ci-dessous : **Brantes, village suspendu dans la vallée du Toulourenc, vaut le détour.**
© C. Marchand / CRT Provence-Alpes-Côte-d'Azur

Rando n°1

Les hauteurs du Groseau

De la majestueuse forêt de pins de la combe de Comentige à la cédraie ensoleillée annonçant la chapelle de Piaud, cette randonnée offre de belles ambiances forestières ainsi que de superbes trouées sur Malaucène et les Baronnies lors du chemin retour. La fin de la boucle relie cet espace à son histoire en passant par les anciennes papeteries et la chapelle Notre-Dame du Groseau.
Les plus courageux prolongeront la randonnée jusqu'à la charmante chapelle Saint-Sidoine en belvédère sur les falaises du mont Ventoux, le sommet de la Plate et les Dentelles de Montmirail.

Vue sur les Baronnies.

Départ : le Groseau, en face du restaurant, 400 m.
Accès : de Malaucène, se diriger vers le mont Ventoux par la D 974 jusqu'au Groseau.
Difficulté : petite randonnée comportant quelques passages raides en descente.

P'tit plus

■ Restaurant-glacier La source du Grozeau, 04 90 65 21 83.

Itinéraire

Se diriger vers les Plâtrières et suivre la piste (balisage blanc-rouge) jusqu'à un col ❶. Continuer par la piste qui descend. Arriver à une intersection (la Baume), tourner à droite et longer des vergers. 300 m après, l'itinéraire balisé rouge-blanc se poursuit sur un sentier à gauche. Après une belle montée dans la pinède, arriver à une intersection. Garder le chemin de droite (rouge-blanc). 100 m après (Comentige) ❷, suivre à droite le chemin principal. Rattraper un peu plus loin un chemin mieux marqué et continuer à monter (rouge-blanc). Rattraper une large piste (le Sueil) ❸. La suivre à droite

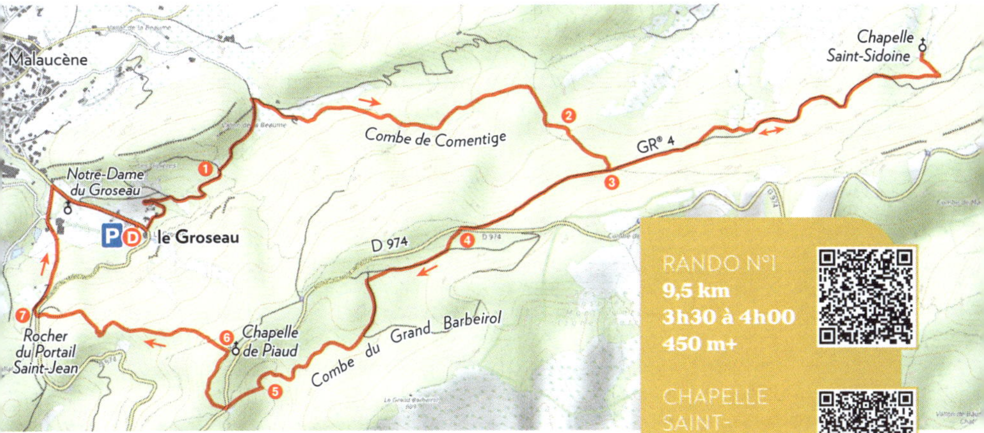

(balisage jaune) pendant 900 m jusqu'à la route 4. La traverser et descendre de l'autre côté par un sentier balisé jaune. Après 100 m, rattraper un chemin et le suivre à droite. 500 m plus loin, tourner à gauche (balisage jaune). Continuer tout droit à la clairière suivante. Arriver à une intersection (combe Obscure) 5. Monter (raide) à droite (balisage rouge-blanc). Rattraper la route. Traverser et continuer sur le sentier en face. Atteindre la chapelle de Piaud 6. Devant la chapelle, descendre à gauche. L'itinéraire jalonné de croix et balisé rouge-blanc descend pendant 1,2 km (avec quelques passages raides et rocheux et de belles vues sur Les Baronnies) jusqu'à une route 7. La traverser et trouver en contrebas un chemin balisé rouge blanc. Le suivre à droite. 500 m après, rejoindre une route (ancienne papeterie). La suivre à droite jusqu'à la départementale. Prendre à droite pour retrouver le parking 500 m plus loin. S'arrêter au passage à Notre-Dame du Groseau.

RANDO N°1
9,5 km
3h30 à 4h00
450 m+

CHAPELLE SAINT-SIDOINE
14 km
5h00 à 5h30
600 m+

La chapelle de Piaud.

Chapelle Saint-Sidoine en AR

Du point 3, faire un AR jusqu'à la chapelle Saint-Sidoine (749 m) par le GR®4. Compter 4,5 km, 1h30 et 150 m+.

Notre-Dame du Groseau.

Rando n°2

Les gorges du Toulourenc

ITINÉRAIRE
10,5 km
4h00
420 m+

Entre les premières marches des Baronnies et l'imposante face nord du mont Ventoux, le Toulourenc a creusé un canyon étroit et grandiose. Du pont de Veaux au pont de Saint-Léger-du-Ventoux, cet itinéraire en balcon domine la partie la plus majestueuse des gorges. Il est impératif de rester sur la balade proposée. La rivière du Toulourenc est un écosystème fragile qui a été fortement dégradé par la surfréquentation; son accès est strictement interdit, que ce soit pour la baignade ou la randonnée aquatique.

Départ : parking les Vignes de Veaux. Possibilité d'inverser le sens du parcours en se garant au pont de Saint-Léger-du-Ventoux.
Accès : 13 km de Malaucène par la D 242. Passer le hameau de Veaux, le parking (payant en été, 10 €) est situé 450 m après le pont sur le Toulourenc.
Difficulté : passages pierreux.

LE TOULOURENC

Prenant sa source au-dessus d'Aulan, le Toulourenc est alimenté par un dédale de rivières issues de l'abondance des sommets avoisinant (Devès de Costeras, montagnes du Buc, de Geine, de la Bluye, mont Ventoux). Il rencontre en amont des gorges la source de la Font de Marin, puis en aval celle de Notre-Dame des Anges. Point de sortie d'un vaste réseau karstique, ces résurgences vauclusiennes sont, après celle de Fontaine-de-Vaucluse et celle du Groseau, à Malaucène, les plus importantes du massif du Ventoux. En étiage l'été, le Toulourenc peut avoir un caractère torrentiel et voir ses eaux monter très rapidement. En 1992 lors des crues de l'Ouvèze, le débit du Toulourenc est monté à 100 m^3/seconde (son débit moyen étant de 1,3 m^3/s. à hauteur de Veaux).

Itinéraire

Prendre la route jusqu'au pont de Veaux. Juste avant le pont 1, monter en direction de Saint-Léger-du-Ventoux. L'itinéraire balisé rouge-blanc monte en lacet jusqu'à un panneau (gorges du Toulourenc) 2. Continuer en face en direction de Saint-Léger-du-Ventoux. Après un beau passage en balcon (2 km) au-dessus des gorges le sentier redescend en bord de rivière. Arrivé en contrebas d'un mazet en ruine perché sur une barre rocheuse 3 monter sur la gauche par le sentier balisé (raidillon rocheux). Redescendre ensuite à droite (passage rocheux) pour arriver à un parking 4. Suivre la route 100 m le long du Toulourenc pour arriver au pont de Saint-Léger.

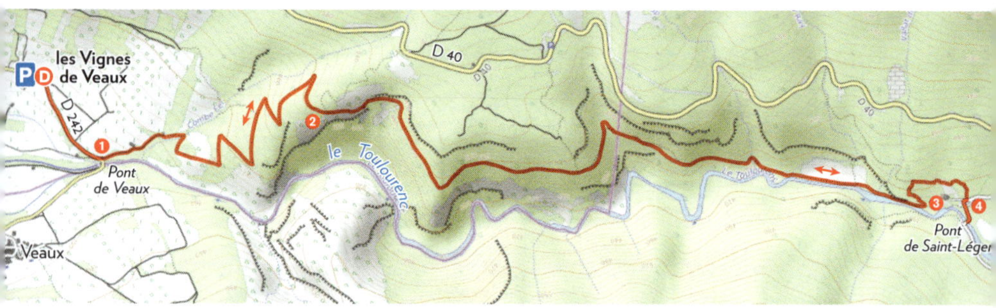

Le Toulourenc.

Cheminement sous une baume.

Rando n°3

Au mont Serein avec Jean-Henri Fabre

Une jolie promenade, variée, instructive et rafraîchissante sur les pas du célèbre entomologiste Jean-Henri Fabre. Havre de paix dans un écrin de verdure, espace pastoral avant tout, le mont Serein nous dévoile toute l'âme du massif.

Accès : de Malaucène, par la D 974 monter à la station du Mont-Serein. Se garer peu après le giratoire face à la bergerie de l'Avocat.
Départ : départ du sentier Jean-Henri Fabre (panneau), 1 415 m.
Difficulté : un pas rocheux.
Période : toutes saisons sauf l'hiver.

P'tit plus

- À la station du Mont-Serein :
- Restaurant *Le N'igloo*, 04 90 41 08 22.
- À Sérignan-du-Comtat
- Harmas Jean-Henri Fabre (jardin remarquable), 04 90 30 57 62.
- Le Naturoptère, 04 90 30 33 20.

Itinéraire

Suivre le chemin balisé jaune face à la bergerie de l'Avocat. De nombreux pupitres vont accompagner l'itinéraire. Descendre vers le bois de hêtres. À l'intersection (Faysses) 1, aller à droite. 300 m après (Grand Valat), tourner à droite vers Chalet des Sports 2. Tourner à gauche (chalets). Après 300 m, virer à gauche et arriver à un carrefour (pupitre sur le pin sylvestre). 3 Filer à droite. Marcher (1 km) jusqu'au carrefour de Serrière. 4 Continuer à droite sur 800 m avec le GR®4 (rouge/blanc) jusqu'à une belle clairière, puis infléchir

JEAN-HENRI FABRE

« Historien des bêtes », il arpenta les pentes du Ventoux. Son approche littéraire des sciences de la vie lui vaut une reconnaissance mondiale. Parmi ses œuvres, citons *Les Souvenirs entomologiques* et des ouvrages à emporter en balade comme *Une Ascension au mont Ventoux*, *Les Cétoines* (éditions du Toulourenc). Il peindra aussi avec finesse et délicatesse des aquarelles de champignons exposées aujourd'hui dans son Harmas à Sérignan-du-Comtat.

13 MONT VENTOUX • MALAUCÈNE

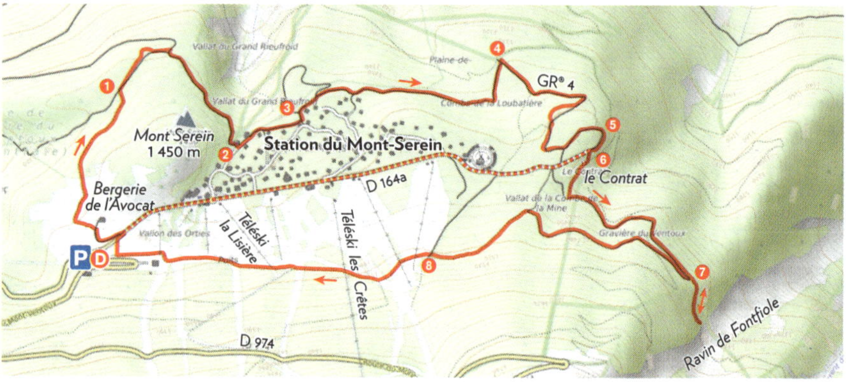

à gauche jusqu'à un belvédère 5. Descendre à droite jusqu'à la route (cabane du Contrat) 6 (retour possible à droite par la route en 40 min). Passer devant l'abri du Contrat avec le GR®4 et le GR®9 (rouge/blanc). Atteindre une piste (Contrat Sud) et virer à gauche. 500 m après, à l'embranchement (combe de la Mine), aller tout droit. Après 200 m, dans le virage 7 continuer tout droit, avec le GR®, pour un aller-retour (10 min) jusqu'à l'entrée du ravin de Fontfiole. De retour, monter la piste à gauche (fléchage rouge). Après 1,2 km, accéder aux pistes du domaine skiable 8. Obliquer à gauche, dans la pente (fléchage rouge) pour traverser pistes et téléskis jusqu'à un large chemin que l'on suit sous l'orée forestière.

ITINÉRAIRE
8 km
2h30 à 3h00
320 m+

Passer au-dessus de l'arrivée des téléskis puis à droite du chalet Liotard pour revenir au parking.

Sur les traces du sentier Jean-Henri Fabre.

Piste et pelouse récréatives du mont Serein.

Rando n°4

Sommet et balcon du Ventoux

Une superbe envolée sur les crêtes du « Géant de Provence », à mi-chemin entre les Alpes et la Méditerranée... Cet itinéraire des plus « alpins » au cœur de la Provence nous emmène au sommet d'une montagne unique battue par les vents d'où l'on peut voir la mer et le mont Blanc.

L'impressionnant pierrier du ravin de Fontfiole.

Du mont Serein vers le mont Ventoux.

Départ : camping Le Mont-Serein au bout de la route, 1 415 m.
Accès : de Malaucène, par la D 974 se rendre au camping de la station du Mont-Serein.
Difficulté : passages aériens, pierriers.
Période : toutes saisons sauf l'hiver.

P'tit plus

- Boire un pot ou manger une raclette au camping Le Mont-Serein, 04 90 60 49 16.
- Restaurant *Le N'igloo*, 04 90 41 08 22.

Itinéraire

Prendre la route forestière (barrière) sur 400 m environ. Tourner à droite (Contrat ouest) sur le chemin balisé jaune. Après 650 m (combe de la Mine) 1, virer à droite avec le GR®4 (rouge/blanc) et monter patiemment (lacets) jusqu'au sommet du Ventoux. À la table d'orientation 2, faire 100 m sur la route et descendre à gauche vers la crête jalonnée. La suivre sur 3 km jusqu'à la tête de la Grave. 3 Descendre à gauche (balisage jaune), dans l'écaille rocheuse, face à la pente, puis obliquer à droite dans le pierrier. Après 100 m, virer à gauche en épingle et descendre (1,3 km) dans le bois jusqu'au GR®9 (Serre Gros) 4. Suivre le sentier (balisage rouge-blanc) à gauche, en balcon. Après 2 km, traverser le pierrier du ravin de la Cave de Diou, puis celui du ravin de Fontfiole. Prudence avec les enfants ! Accéder, peu après, au virage d'une piste. 5 Continuer tout droit pour retrouver l'itinéraire de départ.

14

SAULT ET LE PLATEAU DE VAUCLUSE

AU ROYAUME DE LA LAVANDE

Il faut voir par soi-même ces paysages se parer de bleu, de la mi-juin à la mi-juillet, lorsque les lavandes sont en fleurs. La magie opère instantanément, confortée par les douces fragrances transportées par le vent. Ici, on cultive l'or bleu de Provence depuis toujours, pour en extraire la précieuse huile essentielle, aux vertus apaisantes et réparatrices. Au pied du mont Ventoux, éternel gardien de roche du plateau d'Albion, se déroulent aussi champs de blé et chênes. Village perché préservé aux paisibles ruelles, Sault tient d'ailleurs son nom de *saltus*, *«région de bois»* en latin. Dans les gorges de la Nesque, vertigineux canyon percé de grottes, où l'on aperçoit parfois le vol d'un aigle royal, la nature semble avoir totalement repris ses droits. Quand le terroir, riche d'agneaux, porcs, miel de lavande et goûteux fromages de chèvres, ne déçoit jamais.

Ci-dessus : le plateau de Sault, berceau de la lavande. © S. Pelley / CRT Provence-Alpes-Côte-d'Azur
Page ci-contre : baumes (rando n°4).

PRATIQUE

Quand venir

■ De mi-mars à mi-octobre. En été, assurez-vous de l'accès aux massifs forestiers (voir restrictions incendies page 7). Évitez les heures les plus chaudes.

Y aller

■ **En voiture :** de Marseille : remonter l'A 7 jusqu'à Cavaillon (sortie 25), puis emprunter la D 15 jusqu'à Cabrières d'Avignon. De Lyon : descendre l'A 7 et prendre la sortie 23 (Avignon-centre) et suivre Carpentras.

■ **En transports en commun :** il n'y a pas de gare à Sault. Depuis la gare routière de Carpentras, vous pourrez prendre le bus Zou ! (ligne 912), mais il y a très peu de trajets par jour.

■ **Sur place :** la ligne 912 (voir ci-dessus) dessert notamment Monieux, Mormoiron et Mazan, mais le plus simple reste définitivement la voiture.

Se loger

■ **Hôtel Le Nesk :** avis aux mordus de la petite reine : dans cette bâtisse du XVIIIe siècle rénovée avec goût sont exposés des vélos vintages de stars du cyclisme. Chambres confortables avec vue sur les champs de lavande ou le village et terrasse avec panorama imprenable. 04 90 70 66 08.

■ **Hôtel d'Albion :** des chambres à la déco provençale bien situées pour explorer le village. 04 90 64 06 22.

■ **Hôtel Belvue :** comme son nom l'indique, belle vue sur le mont Ventoux avec deux terrasses où goûter des spécialités locales. 06 70 53 46 95.

14 SAULT ET LE PLATEAU DE VAUCLUSE

Envie d'autres expériences ?

■ Pierre Peyret vous emmène pour une balade nocturne au cœur de la forêt, en toute discrétion, pour écouter le **brame du cerf** (06 08 00 76 30). À l'automne uniquement !

■ Visitez la distillerie du Vallon des Lavandes (04 90 64 14 83) et profitez d'être au cœur du pays de « l'or bleu » pour découvrir tous les secrets de sa **distillation traditionnelle**.

■ Sault en **parapente** ! Explorez le magnifique paysage du Ventoux et du Pays de Sault depuis le ciel avec Ventoux Parapente (06 50 64 22 50).

■ Le Pays de Sault regorge d'itinéraires **vélo** : que vous soyez plutôt VTT en forêt ou sur piste, vélo de balade au milieu des champs de lavande ou vélo de route à l'assaut du Mont Ventoux, vous trouverez l'expérience deux roues à votre goût. Vous pouvez vous rapprocher d'Albion Cycles (04 12 30 01 06) ou de Ride Ventoux (07 66 22 82 44).

À VOIR / À FAIRE

■ La Fête de la lavande de Sault, qui a traditionnellement lieu le 15 août.
■ Le musée de la Truffe du Ventoux à Monieux, pour tout savoir sur la trufficulture.
■ La Confiserie André Boyer : la plus ancienne nougaterie du Vaucluse, qui propose des visites pour découvrir les secrets de fabrication de ses gourmandises.
■ Le musée de Sault et ses collections préhistoriques, gallo-romaines, médiévales, de minéralogie, et égyptiennes.
■ Église Notre-Dame de la Tour à Sault, classée Monument Historique.

ENVIE D'AUTRES BALADES ?

■ Le **sentier d'interprétation Font Margot**, au départ du chalet Reynard à Bédouin, avec ses statues en fer représentant les animaux du coin et ses petits plots de bois gravés de leurs empreintes.
■ Balade entre **patrimoine et lavande** : un parcours au départ de Sault via deux hameaux, La Loge et Verdolier. Un itinéraire au milieu des lavandes, du petit épeautre et des bleuets, à la découverte de l'histoire du pays de Sault.
■ La **Route des lavoirs Saltésiens** : la mairie de Sault propose plusieurs itinéraires au départ du village pour découvrir les lavoirs de ses différents hameaux. Plus d'infos sur www.mairie-sault-84.fr/route-lavoirs-saltesiens/.

COUP DE CŒUR

■ Le village d'Aurel, situé à 5 km de Sault, dont les petites ruelles et les édifices attestent de son histoire médiévale, est construit sur un piton rocheux. Il émerge ainsi au milieu des champs de lavande, offrant un véritable décor de carte postale, qui a d'ailleurs inspiré des peintres comme René Seyssaud et Pierre Ambrogiani.

Ci-dessus : **le Ventoux en majesté depuis le sommet du rocher du Cire (rando n°5).**
Ci-dessous : **une paisible ruelle du village de Sault.**
© V. Vidrasca / CRT Provence-Alpes-Côte-d'Azur

ASTUCE RANDO

En balade dans le Pays de Sault, vous aurez accès à de jolis points de vue sur les environs. Pensez donc à prendre vos jumelles pour observer l'horizon et éventuellement repérer les biches et cerfs qui se promènent !

14 SAULT ET LE PLATEAU DE VAUCLUSE

Rando n°1

Lavandes à Ferrassières

Au départ de Ferrassières, l'itinéraire part au milieu des lavandes pour grimper sur les contreforts de la montagne d'Albion. La belle hêtraie de la combe de Boudriès offre un intermède ombragé, avant un retour panoramique et odorant sur les hauteurs du village.

ITINÉRAIRE
8 km
2h30 à 3h00
270 m+

Départ : église de Ferrassières.
Accès : à 10 km de Sault. Places de parking devant l'église de Ferrassières.
Difficulté : balade sans aucune difficulté.

P'tit plus

- Fête de la lavande le 1er dimanche de juillet.
- Fête du champignon à Saint-Trinit en octobre.

Itinéraire

Prendre la rue de l'École jusqu'à la D 63. 100 m après, monter par la route à gauche. Rattraper la route et prendre en face (route des Hautes-Ferrassières). Après 200 m, prendre la piste sur la gauche ❶. Continuer à monter en restant sur l'itinéraire le mieux marqué en restant à gauche en cas de doute. Arrivé à un carrefour (pinède) ❷ continuer en face (panneau interdit sauf service). 300 m plus loin (grand hêtre), prendre le chemin de gauche. Poursuivre l'ascension en sous-bois jusqu'au col de l'Homme Mort ❸.
Descendre la route à gauche. Après 500 m, monter par un chemin à droite. Continuer en face au croisement suivant. Garder le chemin principal qui descend jusqu'à une route ❹. Arriver à une intersection. Remonter à droite pour emprunter le chemin (chaine) qui longe le bas du champ de panneaux photovoltaïques. Puis le quitter par un chemin sur la gauche. Arriver à une intersection (champ de lavande) ❺. Descendre à gauche dans la pinède, puis entre les champs de lavande. Passer une table de pique-nique et continuer en face au croisement suivant.
À l'intersection suivante (banc) ❻, prendre à gauche. Le chemin rattrape une petite route qui descend jusqu'au village.

Joli coin pique-nique. Au loin, le Ventoux.

Rando n°2

Le chemin des Crottes

Entre la montagne d'Albion et le mont Ventoux, Aurel contrôle la ligne de partage des eaux entre la Nesque et le Toulourenc. C'est au départ de ce village authentique et charmant que cette balade ancre la boucle de son itinéraire. Aucune difficulté dans le cheminement de cette variation paysagère qui comble ses ambitions au milieu des lavandes dans le grand vallon de Saint-Pierre.

Aurel.

Départ : Aurel, place de la Fontaine, 780 m.
Accès : 5 km de Sault par la D 942. Se garer au parking de la mairie, à droite à l'entrée du village.
Difficulté : aucune.

P'tit plus

- À Aurel, restaurant *Le Relais du mont Ventoux*, 09 86 38 67 90.

Itinéraire

Face à la fontaine (calvaire), monter la première rue à droite. En haut, tourner à gauche et rejoindre la D 95. Descendre à gauche. Dans le virage (puits d'Aymar) suivre le chemin goudronné (balisé rouge-blanc) à droite jusqu'au cimetière. ❶ Prendre le chemin balisé à gauche après le cimetière (gros pierrier). Continuer jusqu'à la route, puis tourner à gauche. Prendre le second chemin (balisé jaune) sur la droite. ❷ Il infléchit à droite, se rétrécit et pénètre en sous-bois. Au carrefour (le Chassis), continuer tout droit. L'itinéraire sinue dans différentes ambiances boisées et descend à une intersection (rocher). Aller à gauche jusqu'à la D 942. Prendre en face le sentier forestier bien balisé. Infléchir à gauche après le ruisseau. À l'embranchement ❸, monter le sentier balisé de droite. Infléchir à gauche et accéder au parcours d'un sentier botanique. Suivre le fléchage vert à droite qui grimpe bientôt jusqu'à une piste. La suivre à gauche (barrière). Au carrefour, ❹ descendre dans la plaine par le chemin goudronné. Passer au-dessus du hameau des Crottes et monter jusqu'au collet Blanc. ❺ Continuer tout droit. Peu avant un croisement routier, prendre le chemin à gauche (Saint-Pierre). Au bout, poursuivre en face par une sente balisée entre les champs de lavandes et déboucher sur l'épaulement du plateau. ❻ Descendre vers Aurel par un sentier en pinède. Le suivre attentivement jusqu'à un chemin goudronné (source du Riou). À l'intersection suivante, monter au village par la droite.

Au bord des champs de lavandes.

ITINÉRAIRE
7,5 km
2h15 à 2h30
280 m+

Rando n°3

Le pas de la Frache

Cet itinéraire sur l'aile orientale du mont Ventoux traverse des paysages caractéristiques du milieu montagnard. À travers pinèdes et hêtraies puis le long des hauteurs caillouteuses ouvertes aux lointains horizons, le parcours s'attache à la rencontre de quelques jolies clairières exposées en plein ciel.
Monter au Ventoux depuis le pas de la Frache est plus que tentant. Cet aller-retour sans difficulté est toutefois réservé aux marcheurs entraînés, la sortie complète frôlant alors les 20 km et les 900 m+ !

Horizon nord près du pas de la Frache.

Départ : lieu-dit le Belvédère, parking, 1 329 m.
Accès : de Sault, suivre la D 164 Route du Ventoux en direction de Chalet Reynard sur une quinzaine de kilomètres. Parking en bordure de route au lieu-dit le Belvédère.
Difficulté : aucune pour le pas de la Frache seul. Distance importante et dénivelé non négligeable avec l'AR au sommet du Ventoux.
Période : toute l'année sauf quand il y a de la neige.

P'tit plus

- Café-restaurant *Le Chalet Reynard*, 04 90 61 84 55.
- Point d'écoute du brâme du cerf au belvédère.
- Sur la pointe des pattes, sentier de découverte de 2 km près du parking.

Itinéraire

Sur la D 164 (vers le chalet Reynard), prendre la piste à droite (barrière). L'itinéraire bien balisé (rouge/blanc) monte jusqu'à un grand carrefour (la Baraque d'Aurel) ❶. Continuer tout droit (GR®4). Attention ! 500 m après, trouver à gauche le départ du sentier balisé. Grimper dans la hêtraie jusqu'au Pas de la Frache (route) ❷. Longer, à droite, un vaste replat dénudé en bordure de crête puis s'engager dans un large couloir déboisé. Au bout ❸ trouver dans l'angle à gauche le départ d'un sentier (cairn) dans les pins à crochets. Le descendre jusqu'à une clairière sur la ligne de crête. La traverser (cairns). Après un nouveau passage boisé (raide), accéder à une deuxième clairière. Puis, rapidement, à une troisième. Attention ! Rester sur la dorsale jusqu'à l'orée de la forêt. ❹ La longer et descendre à droite jusqu'au départ d'un sentier (cairn) sur la gauche. Le suivre,

Sur la pointe des pattes sous le belvédère.

RANDO N°3
9,5 km
3h00 à 3h30
350 m+

AVEC AR AU MONT VENTOUX
19,8 km
6h30 à 7h30
890 m+

en forêt (raide), jusqu'à la clairière de l'épaulement de la Frache ❺. (Raccourci possible vers le parking par le chemin à droite (GR®9) vers le point ❶ et le carrefour de la Baraque d'Aurel.) Continuer à descendre (balisage jaune) à droite dans la pente jusqu'au col de la Frache. Descendre le chemin sur la droite (non balisé, cairn). Attention ! 100 m après, trouver un sentier sur la gauche (cairn) ❻. Descendre la trace dans le vallon jusqu'à la route. La suivre, à gauche, sur 200 m. Prendre un chemin sur la droite. Le suivre à plat sur 3 km en restant sur la droite jusqu'à une grande intersection. ❼ Monter à droite pour retrouver le parking.

Le mont Ventoux en AR

Du point ❹, par le GR®4, vous pouvez rejoindre le sommet du Ventoux. Pour l'AR du pas de la Frache, comptez 10,3 km, 3h30 à 4h00 et 550 m+.

Versant oriental du mont Ventoux.

LES CHAMOIS ET LE VENTOUX

Depuis les années 1980, la population de chamois autour du mont Ventoux n'a pas cessé de croître. La recolonisation du massif s'est probablement faite à partir des massifs voisins (Baronnies, montagne de Lure) où ce bel ongulé n'avait jamais disparu. On dénombre actuellement 200 à 300 têtes principalement cantonnées sur les ubacs le long des crêtes sommitales. Les hardes de chamois sont souvent visibles dans les combes et ravins du versant nord. Ne pas oublier d'apporter vos jumelles.

Rando n°4

Le Baou de l'Aubesier

Le Baou de l'Aubesier, abri préhistorique longuement fréquenté, et « lou Roucas dou Cire », chanté par l'écrivain Frédéric Mistral dans son *Calendal*, sont des rochers abrupts et hautement emblématiques des gorges de la Nesque que cette randonnée, tour à tour forestière et panoramique, donne envie de découvrir.

Départ : parking, 818 m.
Accès : de Sault, direction sud Saint-Saturnin-lès-Apt par la D 943. 3 km après Saint-Jean-de-Sault, bifurquer à droite sur la D 5. Se garer sur le parking à droite environ 300 m après la ferme Saint-Hubert.
Difficulté : bien suivre le descriptif notamment dans les parties non balisées.

P'tit plus

- À Monieux :
- Restaurant *Les Lavandes*, 04 90 64 05 08.
- Musée de la truffe du Ventoux, 04 90 64 14 14.
- À Saint-Jean-de-Sault :
- Ferme-auberge *La Maguette*, 04 90 64 02 60.

Itinéraire

Emprunter la D 900 jusqu'à la ferme Saint-Hubert, puis prendre le chemin (balisage jaune) sur la droite. Le suivre jusqu'à une fourche (coulet de Charrau) 1, puis à gauche vers Monieux. Couper un chemin. Attention, 800 m après, trouver un petit chemin non balisé sur la gauche (cairn) 2. Le descendre dans un taillis jusqu'à une route (ferme). La suivre à gauche (belvédère). Prendre le chemin à droite (Poulissen). Passer entre deux propriétés (clôtures) et descendre en contournant les champs jusqu'à un itinéraire balisé (rouge/jaune). 3 Le suivre à droite, puis le quitter pour descendre à gauche dans un vallon. Laisser un premier sentier à droite (cairn, balisage bleu) et atteindre une bifurcation (cairn) 4. Aller-retour à droite jusqu'à une corniche panoramique (Baou de l'Aubesier). De retour, descendre à droite la sente jusqu'à un sentier mieux marqué. Le suivre en corniche sur la gauche jusqu'au creux d'un vallon. Le monter à gauche (végétation luxuriante) jusqu'à un chemin balisé (rouge/jaune). 5 Le suivre à

La ferme Saint-Hubert et son champ de lavande.

Panorama sur le rocher du Cire et le Ventoux.

ITINÉRAIRE
9 km
2h45 à 3h15
260 m+

droite et monter jusqu'au hameau de Champ de Sicaude. Prendre à droite vers une piste plus large. La suivre à droite jusqu'à une bifurcation (bel ensemble d'aiguiers sous le chemin de droite 100 m après la barrière). 6 Monter à gauche jusqu'à la piste des Barbéris. Continuer à gauche jusqu'au terre-plein (croix en bois) d'une large intersection. Faire quelques mètres à gauche (clôture en bois) et trouver sur la droite, le sentier balisé (rouge/jaune). Le suivre en sous-bois (cèdres). Retrouver la piste et le parking à gauche.

Baumes au-dessus des gorges de la Nesque.

LES GORGES DE LA NESQUE

Creusées au pied du mont Ventoux, elles offrent de nombreuses cavités naturelles ayant servi d'abris aux générations des hommes préhistoriques du paléolithique moyen (– 300 000 à – 35 000 ans). La baume du Baou de l'Aubesier, fouillée depuis 1988, a livré un gisement de première importance permettant de mieux connaître l'environnement et les habitudes des hommes de Néandertal qui fréquentaient cette région riche en silex où abondait une faune de choix (cheval, aurochs, rhinocéros, renne, bouquetin…).

14 SAULT ET LE PLATEAU DE VAUCLUSE

Rando n°5

Rocher du Cire et canyon de la Nesque

La Provence est entaillée de nombreux canyons. Celui de la Nesque, qui est proposé ici, est spectaculaire. Par ses dimensions, longueur et profondeur, il se classe juste derrière l'emblématique canyon du Verdon. Cette randonnée mène au sommet du rocher du Cire surplombant le lit du torrent de près de 400 m, puis descend par des sentiers oubliés dans les entrailles de la terre avant de grimper vers le belvédère du rocher du Cire. Une nouvelle plongée au fond des gorges mène à l'humble chapelle Saint-Michel blottie sous son abri-sous-roche. Falaises escarpées, grottes, étroits défilés de la rivière, cet itinéraire sauvage réserve de belles surprises !

Un rocher « vague » au-dessus de la Nesque.

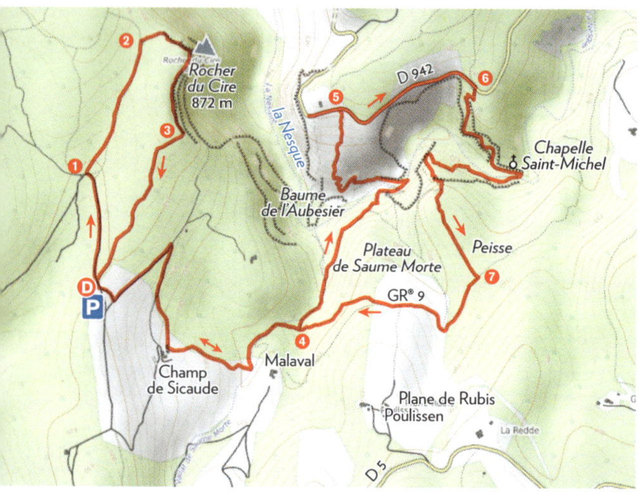

Accès : de Sault, direction sud Saint-Saturnin-lès-Apt par la D 943. 3 km après Saint-Jean-de-Sault, bifurquer à droite sur la D 5. Environ 300 m après la ferme Saint-Hubert, bifurquer à droite sur une bonne piste vers le hameau des Barbéris. Après 1,8 km, repérer à droite un poteau directionnel et juste après, stationner à gauche de la piste (au nord de la cote 798).

Difficulté : nombreux passages rocheux et aériens pouvant gêner des personnes sujettes au vertige ; ne pas s'engager dans le lit de la Nesque en cas de pluie torrentielle ; deux franchissements de la Nesque à gué ; un passage câblé facile.

Itinéraire

Prendre la bonne piste (balisage jaune) vers le nord en direction du hameau des Barbéris. À la cote 791, la piste fait un coude vers le sud-ouest. Repérer à droite le départ

ITINÉRAIRE
10,6 km
4h30
510 m+

Une des nombreuses grottes des gorges de la Nesque.

d'un sentier (croix jaune) 1. S'y engager et remonter en sous-bois sur 600 m jusqu'à une bifurcation de sentiers 2.
À gauche il est possible de s'élever jusqu'à un petit plateau en rebord de falaise où se trouve un espace clôturé. **Prudence :** la Nesque coule à près de 400 m en contrebas !
Ce belvédère est un véritable nid d'aigle : en effet, la clôture en bord du précipice permet de protéger une aire de nourrissage des rapaces. De ce point, la vue sur le canyon est impressionnante !
Sinon du point 2, emprunter à droite un sentier balisé par de nombreuses marques jaunes anciennes et encore bien visibles, et des cairns.
S'élever dans le bois pour atteindre la partie sommitale du rocher du Cire. **Cette section, sans doute la plus spectaculaire de l'itinéraire, mérite de l'attention du fait de la présence de lapiaz aux arêtes tranchantes et aux fissures redoutables, et de la proximité de l'à-pic.** Le paysage est saisissant ! Ce long cheminement aérien se termine au niveau d'un nouveau belvédère 3.
Le sentier quitte le rebord de la falaise et descend vers le sud-ouest pour retrouver la piste de Barbéris. Revenir au point de départ, et prendre à gauche sur 100 m un bon chemin descendant. Au croisement choisir à gauche le GRP® Massif du Ventoux sur 400 m, et rester sur ce tracé aux intersections suivantes.
Le GRP® laisse à droite le hameau de Sicaude puis la ferme de Malaval et descend au fond d'un vallon 4.
Le quitter et choisir à gauche le sentier (balisage bleu) qui descend dans le bois et après 400 m, à une fourche, s'élève à droite pour contourner le plateau de Saume Morte. À une jonction, poursuivre tout droit et atteindre la clôture du site archéologique de la Baume de l'Aubesier. Bifurquer à gauche et dégringoler vers le fond de la rivière, après une brève désescalade facilitée par un câble. Le cours d'eau apparaît enfoui dans une oasis de verdure. Il se traverse à gué en aval du site du Portail, un passage particulièrement étroit des gorges. Le sentier, au départ non balisé, s'élève en rive droite. En se retournant, on aperçoit la belle baume blanche de l'Aubesier. Une flèche bleue puis des cairns et un ancien marquage bleu et marron vont guider la montée vers le belvédère du Rocher du Cire. D'abord parallèle au lit de la rivière (en direction de l'ouest), le sentier parvient à un gros cairn marquant le départ d'un sentier balisé de points bleus. Négligez-le, et grimpez plein nord vers la route D 942 que l'on atteint au niveau du belvédère 5, vue saisissante sur les gorges et l'imposant rocher du Cire. Emprunter à droite sur 800 m la D 942 vers Monieux **(attention à la circulation)** et repérer à droite le départ du sentier emprunté par le GRP® Massif du Ventoux 6.
S'y engager et amorcer le plongeon dans les gorges. Plus bas, le sentier serpente en corniche au-dessus du canyon : impressionnant !
Le parcours est sportif, mais sans danger. Rapide mais bien tracé, le sentier emprunte des escaliers taillés dans les rochers au milieu des chênes, des buis et des genévriers. Au cours de la descente, remarquer de nombreuses grottes creusées dans les falaises, dont certaines ont servi d'habitat préhistorique. En bas, on atteint la chapelle troglodytique romane Saint-Michel blottie sous un vaste abri-sous-roche, surmonté de deux autres étages de grottes. Rénové au XVIIe siècle, c'est un ancien lieu de culte et de pèlerinage. Traverser la rivière et s'élever en rive gauche par des corniches et des vires le long de spectaculaires abri-sous-roche. Quittant les gorges, atteindre un plateau (lieu-dit Peisse) puis un poteau directionnel 7. Bifurquer à droite et revenir vers le point 4 et l'itinéraire emprunté à l'aller jusqu'au parking.

La chapelle troglodyte Saint-Michel au fond du canyon de la Nesque.

15

FONTAINE-DE-VAUCLUSE • CABRIÈRES-D'AVIGNON

À LA SOURCE DE L'HISTOIRE DU VAUCLUSE

À l'extrême ouest du Luberon, au pied des Monts de Vaucluse, le territoire au cœur duquel se situent les villages de Fontaine-de-Vaucluse et de Cabrières-d'Avignon est un véritable concentré de richesses naturelles, géologiques, historiques et patrimoniales. Les villages perchés, les châteaux et les marchés provençaux se mêlent aux curiosités naturelles et culturelles comme la fameuse source de la Sorgue, à laquelle Fontaine-de-Vaucluse doit son nom, les étonnantes maisons troglodytes ou le tristement célèbre mur de la Peste, témoin d'une dure époque. Venir se balader par ici est à la fois un voyage dans le temps et une immersion dans la Provence d'aujourd'hui. Alors, enfilez de bonnes chaussures de marche et venez arpenter ce secteur aux mille trésors à travers ses vallons, ses pitons rocheux, ses points de vue, ses berges et même ses grottes.

Ci-dessus : **Fontaine-de-Vaucluse.** © Wikimedia Commons / Marianne Casamance
Page ci-contre : **l'abbaye de Sénanque se visite.** © C. Chillio / CRT Provence-Alpes-Côte-d'Azur

PRATIQUE

Quand venir

■ Toute l'année, mais pour des balades plus agréables, préférez les périodes comme le printemps, où les fleurs sont au rendez-vous. En été, assurez-vous de l'accès aux massifs forestiers (voir restrictions incendies page 7). Évitez les heures les plus chaudes.

Y aller

■ **En voiture :** depuis l'A 7, prendre la sortie 24 vers Cavaillon et continuer sur la D 900 puis suivre la direction de Fontaine-de-Vaucluse via la D 24. Pour Cabrières-d'Avignon, suivre la D 900 en direction de Sisteron, puis suivre les panneaux pour rejoindre Cabrières-d'Avignon via la route de Gordes et la route du Castellet.

■ **En transports en commun :** il n'y a pas de gare SNCF à Fontaine-de-Vaucluse et Cabrières-d'Avignon. Vous pouvez vous rendre en train dans les gares les plus proches que sont Cavaillon et Avignon. Depuis ces gares, il faut ensuite emprunter les bus de proximité du réseau Zou ! qui desservent les environs : les lignes 907 ou 915 relient Avignon à Cavaillon et la 917 qui part de Cavaillon passe près Cabrières-d'Avignon. Pour rejoindre Fontaine-de-Vaucluse, la gare de l'Isle-sur-la-Sorgue est la plus proche. En été, le bus 921 relie les deux villages. Retrouvez les détails des lignes et les horaires sur zou.maregionsud.fr/se-deplacer-en-bus/ et sur www.transcove.com/.

■ **Sur place :** le réseau des bus n'offrant pas beaucoup d'options sur place, le plus simple reste de se déplacer en voiture.

Se loger

■ **En chambres d'hôtes à Fontaine-de-Vaucluse :** à la Figuière (06 32 89 01 10) ou à la Bastide des Baumes Rouges (04 90 20 34 18), deux adresses paisibles au charme provençal authentique.

■ **Au camping de la Coutelière à Lagnes**, ouvert d'avril à septembre (04 90 20 33 97).

■ **En plein centre de Cabrières-d'Avignon**, dans l'un des gîtes Provence et Nature (04 88 85 31 28) nichés dans une ancienne bâtisse tout en pierre, ou au Vieux Bistrot (06 27 35 16 87).

15 FONTAINE-DE-VAUCLUSE • CABRIÈRES-D'AVIGNON

Ci-dessus : **église Saint-Véran à Fontaine-de-Vaucluse.** © Wikimedia Commons / Marianne Casamance
À droite : **Balade dans Fontaine-de-Vaucluse.** © Wikimedia Commons / Georges Seguin

À VOIR / À FAIRE

■ Le château des Évêques (rando n°4), perché tout en haut du village de Fontaine-de-Vaucluse. Impressionnant à voir d'en bas, et superbe à voir d'en haut !

■ Le musée-bibliothèque François Pétrarque, haut lieu de mémoire littéraire.

■ Le musée de l'Huile d'Olive pour tout savoir sur celle que l'on retrouve dans presque tous les plats du Sud.

■ Le musée de la Lavande, installé dans un grand mas provençal au milieu des champs de lavande.

■ Le village pittoresque de l'Isle-sur-la-Sorgue et son célèbre marché.

■ L'abbaye de Sénanque et le village de Gordes.

Envie d'autres expériences ?

■ **Le site Vallis Clausa** : explorez un monde souterrain pour mieux comprendre les mystères de la Fontaine du Vaucluse et fabriquez votre propre feuille de papier au sein de l'atelier du moulin à papier.

■ Descendez la Sorgue en **canoë-kayak**, en partant de Fontaine-de-Vaucluse avec Kayak Vert (04 90 20 35 44).

■ Location de voitures insolites : plusieurs prestataires vous proposent de découvrir le Vaucluse à bord d'un **bolide original et vintage**, comme une Mehari, une Coccinelle, un 2CV… Plus d'infos auprès de Yes Provence (06 60 93 69 11) ou de 2CV en Provence (06 45 61 38 63).

COUP DE CŒUR

■ Le gouffre de Fontaine-de-Vaucluse, l'exsurgence la plus importante de France, où la Sorgue prend sa source. Il se trouve au pied d'une grande falaise, dans un décor magique. Le lieu se visite toute l'année, mais la période à laquelle la source verse le plus et offre son spectacle le plus fascinant est celle des premiers mois de l'année, jusqu'à mai.

ASTUCE RANDO

Pour se balader dans les meilleures conditions, pensez à regarder la météo. En effet, quand le mistral souffle, en particulier en hiver, la balade devient beaucoup moins agréable. En été, les chaleurs peuvent être intenses !

ENVIE D'AUTRES BALADES ?

- Le Circuit de Marcouly : un circuit pédestre d'1h30 à Saumane de Vaucluse pour découvrir les environs, les bories, les chênaies, les habitations troglodytes…
- Le Parcours patrimoine de L'Isle-sur-la-Sorgue : pour explorer l'histoire riche et passionnante de ce petit village où l'eau occupe une place centrale.

En-haut : **le village de Gordes, haut lieu touristique incontournable !** © Wikimedia Commons / Chensiyuan
Ci-dessus : **la Sorgue sous les impressionnantes falaises calcaires.** © Wikimedia Commons / Christoph Radtke

15 FONTAINE-DE-VAUCLUSE • CABRIÈRES-D'AVIGNON

Rando n°1

Le mur de la Peste

ITINÉRAIRE
5,5 km
1h30 à 2h00
170 m+

Cabrières – « le pays des chèvres » – a gardé un caractère authentique où domine la pierre sèche. Cette balade vous mène au « mur de la Peste », un monument exceptionnel, témoin de nombreux drames. Ici, le passé se mêle au présent et le mistral nous souffle de terribles histoires.

Départ : Cabrières-d'Avignon, parking de la Cédraie.
Difficulté : aucune mais sentiers caillouteux.

P'tit plus

- Vin du domaine de la Bastidonne à Cabrières-d'Avignon, 04 90 76 70 00.
- Pique-nique sous les ombrages de la forêt de Cèdres.
- Le marché paysan de Coustellet (le dimanche matin et mercredi soir pendant l'été).

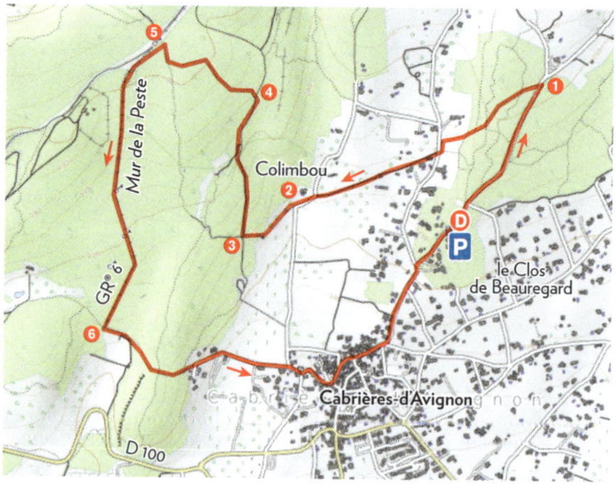

En longeant le mur...

Itinéraire

Du site aménagé de la Cédraie remonter sur la route (balisage jaune) et prendre le sentier à gauche (panneau « Beau Regard ») **1**. Suivre le balisage jaune et jaune-rouge dans la forêt, arriver à un croisement et descendre à gauche en gardant la même signalétique (ignorer les divers sentiers thématiques). Juste après, bifurquer à droite en gardant toujours le même fléchage. Rejoindre la route, tourner à gauche et après quelques

LE MUR DE LA PESTE

Le 25 mai 1720, le vaisseau *Le Grand Saint-Antoine* accoste à Marseille, apportant la grande peste. Deux mois plus tard, l'épidémie menace le Comtat Venaissin, ancien état pontifical rassemblant des communes du Vaucluse et de la Drôme au Moyen Âge. Il est décidé de construire un mur de 25 kilomètres de long pour 2 mètres de hauteur. Un millier de gardes sera posté avec l'ordre de tirer sur toute personne voulant le franchir. Contenue un temps, la peste finira par atteindre Avignon.

« Le pays des chèvres ».

mètres (quartier des Cabanes), emprunter à droite le chemin des Fileuses. Le suivre entre les maisons jusqu'à la prochaine… route… De belles terrasses cultivées jalonnent le parcours tandis que s'ouvre un beau point de vue sur le Luberon. Descendre à gauche et s'engager sur le bitume un court moment puis, au niveau du quartier de Colimbou, prendre à droite ❷. Il s'ensuit une petite grimpette entre les vignes et les oliveraies pour atteindre une grande piste. À ce carrefour, monter sur la droite et passer devant un bassin bétonné ❸. Emprunter cette direction, puis obliquer à gauche au niveau d'un petit cairn ❹ et s'élever en direction du mur de la Peste sans tenir compte du balisage anarchique. Sur la crête, bifurquer à gauche et suivre la direction « mur de la Peste, Cabrières-d'Avignon » ❺. Continuer sur le balisage blanc et rouge en gardant le mur à main droite, le traverser ensuite pour le longer à main gauche. S'engager sur une belle allée étroite qui descend au village jusqu'à la pancarte « Cabrières-d'Avignon 1,5 km » et prendre à gauche (balisage jaune) ❻. Continuer jusqu'à la route pour rejoindre le village dont la visite s'impose. Tout en cheminant, chercher l'indication « la Cédraie » pour retrouver le parking.

Rando n°2

La tête du Soldat

Le village de Lagnes, adossé aux monts de Vaucluse, entre la vallée de la Sorgue et le Luberon, nous offre de nombreuses possibilités de balades. Celle-ci offre de magnifiques panoramas sur les environs et se niche à l'écart des grands axes touristiques sur ce plateau surnommé la « tête du Soldat ».
La boucle supplémentaire vous permet de découvrir le mur de la Peste.

Départ : Lagnes, parking de la mairie.
Difficulté : un bref passage raide et caillouteux.

P'tit plus

- À Lagnes :
  - Les vestiges de l'occupation romaine (remparts, chapelle Saint-Antoine, château…).
  - Sentier botanique (fléchage vert).
  - Pour boire un pot, accueil sympa au Café de la Fontaine.

Tête du Soldat

Du parking de la mairie, monter dans Lagnes. Parvenir au château, s'élever à gauche pour récupérer le sentier à droite (balisage jaune et rouge) ❶. Passer ensuite entre deux réservoirs, rejoindre une petite route et s'engager à droite pour trouver la D 99 située juste au-dessus. La suivre à gauche sur 50 m, puis obliquer à nouveau à gauche sur un large chemin (balisage jaune et rouge) ❷.
À la route, prendre à droite, puis le chemin tout de suite à gauche et retrouver la piste qui passe devant la Bastide Rouge (même fléchage). Atteindre une autre route, remonter à droite ❸ et rejoindre la D 100. Descendre à gauche sur environ 200 m, arriver à un petit terre-plein côté droit et quitter la route pour un sentier qui grimpe dans un beau vallon ombragé (indication « La Valette », balisage blanc et rouge) ❹. À la bifurcation suivante, laisser ce balisage blanc et rouge pour bifurquer à droite (panneau

Lagnes.

(15) FONTAINE-DE-VAUCLUSE • CABRIÈRES-D'AVIGNON

LE CANAL DE CARPENTRAS, UNE HISTOIRE D'EAU
On parlait déjà de construire un canal en 1566, mais il fallut attendre le milieu du XIXe siècle pour que le projet aboutisse. Les eaux de la Durance s'y écoulent de Mallemort à la grande plaine agricole de Carpentras en traversant toute la commune de Lagnes.

Le canal de Carpentras.

« Lagnes, Esperacons » (5). Après un beau raidillon, le chemin se dédouble une première fois, garder le flanc droit (balisage jaune). À l'embranchement suivant, rester à gauche, direction « Lagnes, le Soldat ». Parvenir sur le plateau, récupérer de vos efforts en admirant le panorama, puis cheminer dans la cédraie (balisage jaune). Amorcer la descente sur un sentier plus large. Au croisement du Soldat, prendre à droite direction Lagnes (6), belle vue sur le Luberon et la vallée de la Sorgue. Rejoindre la D 100 et traverser vers la gauche (7) pour emprunter en face la petite route qui ramène au village.

Boucle par le mur de la Peste

Du croisement (6), prendre à gauche la piste sur une centaine de mètres. À la fourche (8), poursuivre à gauche en légère montée. Au croisement sur la crête (citerne à gauche) (9), bifurquer à droite toute et suivre la direction « mur de la Peste, Cabrières-d'Avignon ». Continuer sur le balisage blanc et rouge en gardant le mur à main droite, le traverser ensuite pour le longer à main gauche. S'engager sur une belle allée étroite qui descend au village jusqu'à la pancarte « Cabrières-d'Avignon 1,5 km » et prendre à droite (balisage jaune) (10). Arriver sur une piste que vous remontez à droite jusqu'à la fourche (8) et l'itinéraire de retour à Lagnes.

Boucle Lagnes Cabrières

Les randonnées n°2 et 1 sont combinables entre elles. Suivre la rando n°2 jusqu'au croisement (9). Là, faire la boucle de la rando n°1 pour revenir à ce carrefour (9). Descendre directement par la piste aux points (8) et (6) et terminer par la fin de la rando n°2.

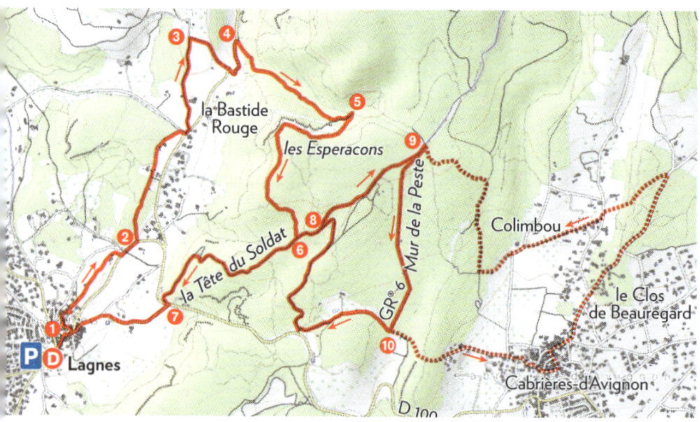

Gentil coquelicot... à Lagnes.

RANDO N°2
6,7 km
2h00 à 2h30
260 m+

BOUCLE PAR LE MUR DE LA PESTE
10,7 km
3h00 à 3h30
350 m+

BOUCLE LAGNES CABRIÈRES
14,7 km
4h30 à 5h00
430 m+

Rando n°3

L'extraordinaire source de la Sorgue et les bories

Depuis des temps immémoriaux, la source mystérieuse de Fontaine-de-Vaucluse fait rêver, parler, interroger ! Saint Véran a-t-il fait fuir le dragon « Coulobre » de sa grotte ? D'où vient cette manne liquide qui arrose le Pays de Sorgues ? Rappelons que son nom « *Vallis Clausa* » a même donné son nom au département. On sait maintenant que l'eau de cette importante source vauclusienne provient des infiltrations de multiples cours d'eau et des pluies parfois très abondantes sur un immense impluvium constitué du plateau de Vaucluse, du plateau d'Albion et de la montagne de Lure. Ces plateaux, de nature karstique sont extrêmement fissurés et possèdent de gigantesques réseaux souterrains qui drainent lentement mais sûrement l'eau vers cette fameuse exsurgence qu'un plongeur est allé l'explorer jusqu'à -250 m en 1997. Ne manquez pas de visiter ce beau et très agréable village médiéval, riche en monuments et en musées et de profiter de la fraîcheur de ses rives et de ses terrasses ombragées.

ITINÉRAIRE
8,6 km
3h00
330 m +

Départ : Fontaine-de-Vaucluse (parking payant des Ferrailles si vous arrivez en voiture).
Difficulté : rien de particulier. Comptez 4h00 avec les visites de l'exsurgence et du village.

Borne du mur de la Peste.

Itinéraire

Suivez l'avenue François-Pétrarque (D 24), traversez à gauche la Sorgue, prenez en face l'avenue Robert-Garcin, croisez l'église Notre-Dame-et-Saint-Véran à gauche puis prenez à droite le chemin des Soleillants qui monte (balisage jaune). Suivez à flanc les ondulations du relief puis prenez vers le nord un bon sentier en direction des Gâches et remontez une épaule dans la pinède jusqu'au poteau « Les Fayardes » 1 et son petit hameau.
Poursuivez sur la piste de Valescure (GR®91), puis après trois lacets, gagnez dans un vallon le poteau « Valescure » 2. Tournez à gauche puis tout de suite à droite et rejoignez le poteau « Cabanes ». Continuez sur environ 125 m, puis prenez à gauche le sentier

La Sorgue et le château.

qui va monter légèrement, puis redescendre en croisant de nombreuses bories dont certaines sont très bien conservées.
Continuez la descente par de nombreux lacets puis entrez dans un vallon planté d'oliviers et gagnez le poteau « La Périère ». Continuez sur une petite route qui croise les premières habitations du village et conduit sur le chemin de la Fontaine en bordure de la Sorgue ❸.

Continuez à gauche sur le chemin de la Fontaine, croisez les musées, buvettes et restaurants et rejoignez le sentier qui mène vers l'exsurgence. Montez une butte d'une dizaine de mètres, rejoignez le point de vue sur le gouffre et descendez éventuellement au plus près de l'eau **(prudence !)**. Revenez par le même itinéraire, traversez la Sorgue à gauche et n'hésitez pas, depuis l'avenue François-Pétrarque, à passer à droite sous le musée afin de vous balader en rive gauche dans un magnifique petit parc qui abrite de gigantesques platanes et un buste de Pétrarque, puis de gagner la petite île au milieu de la Sorgue pour éventuellement pique-niquer au son du murmure de la rivière.
Rejoignez votre point de départ.

Rando n°4

Le château, le vallon de l'Oule et le mur de la Peste

Ce grand et bel itinéraire vous mènera jusqu'aux vestiges du château des Évêques de Cavaillon (ou encore château de Pétrarque), construit probablement au XIe siècle et qui surplombe la Sorgue d'une centaine de mètres depuis son piton rocheux. Puis vous remonterez le très beau vallon de la Fontaine de l'Oule, dans un beau décor minéral en croisant une succession de grottes et de baumes comme celle qui abrite la fontaine éponyme. Au « col » du Lauzas, vous rejoindrez le « Mur de la Peste » qui comporte quelques sections réhabilitées puis plus bas le très beau et sauvage vallon des Espéracons.

Départ : Fontaine-de-Vaucluse (parking payant des Ferrailles si vous arrivez en voiture).
Difficulté : rien de particulier, si ce n'est un peu de distance de de dénivelé.

Itinéraire

Suivez vers le nord l'avenue François-Pétrarque (D 24), prenez à droite la rampe caladée qui longe quelques maisons, puis, après le lacet, empruntez un sentier assez raide et suivez les points verts (balisage peu évident). Visitez les ruines et approchez-vous avec grande prudence des points de vue spectaculaires sur les gorges et le village.
Suivez vers le sud-est du château un sentier mal balisé qui continue plein sud, puis qui s'incurve vers l'est et croise quelques vestiges de pierres sèches.
Rejoignez un bon sentier ❶, engagez-vous à gauche dans le beau vallon du Font de la Fontaine

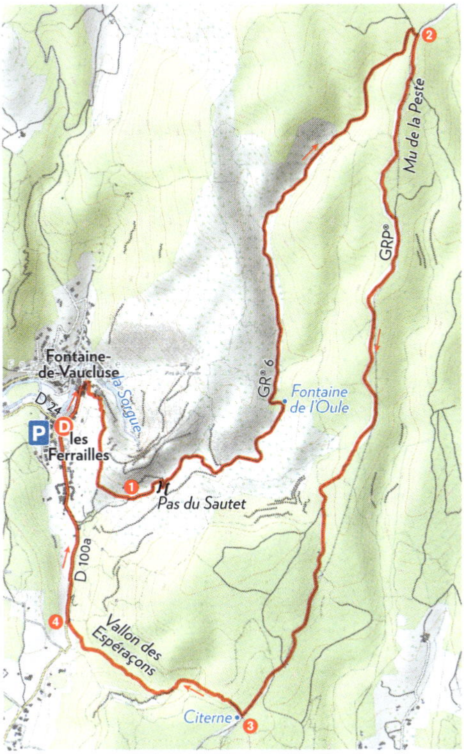

ITINÉRAIRE
13,2 km
4h30
620 m+

LE PATRIMOINE VAUCLUSIEN

La cité possède un magnifique patrimoine naturel avec la plus grande source de France, mais également un remarquable patrimoine historique : les vestiges d'un canal romain, d'un château médiéval du XIIIe siècle, l'église romane Notre-Dame-et-Saint-Véran du XIe siècle, des habitats troglodytiques ou encore de nombreuses bories. Sur le plan culturel, vous trouverez le musée-bibliothèque François Pétraque, le musée du Monde souterrain de Norbert Casteret, le musée de l'Appel de la Liberté, un écomusée des Santons, etc.

de l'Oule (GR®6) et remarquez les nombreuses baumes et grottes sur les parois des falaises et les blocs gigantesques posés ici ou là. Remontez une large piste très caillouteuse, passez le pas du Sautet et son soutènement puis gagnez la fontaine de l'Oule. Non loin de la fontaine, qui ne coule plus mais dont les parois du fond de la baume tapissées de capillaires suintent néanmoins, remarquez un vénérable chêne vert séculaire. Poursuivez la montée, longue et un peu fastidieuse, heureusement bien ombragée (sauf en été quand le soleil est au zénith) et rejoignez un col au poteau « Lauzas Nord ». Prenez à droite sur 70 m afin de gagner un nouveau poteau « Lauzas Sud » 2. Redescendez plein sud la piste (GRP®) qui longe plus ou moins près les vestiges du mur de la Peste). Un peu plus loin, croisez un beau segment remis en état avec la présence d'une borne gravée et 400 m plus bas, rejoignez le poteau « Citerne » 3. Suivez à droite le beau vallon des Espéracons planté de cèdres (GR®6), croisez le poteau « Vallon des Espéracons », redescendez le vallon et rejoignez le poteau « Valette » et la D 100a 4.

Suivez plein nord la route **(prudence !)** entre la forêt à droite et les vergers à gauche. Plus loin, après le poteau « Le Font de l'Oule », croisez de magnifiques oliveraies à droite, les premières habitations, le cimetière à droite et retrouvez le poteau « Les Ferrailles » puis votre point de départ.

Les ruines du château des Évêques.
© Wikimedias Commons / Mathieu Brossais

RETROUVEZ TOUTES CES BALADES ET RANDONNÉES ET BIEN D'AUTRES DANS LES OUVRAGES SUIVANTS

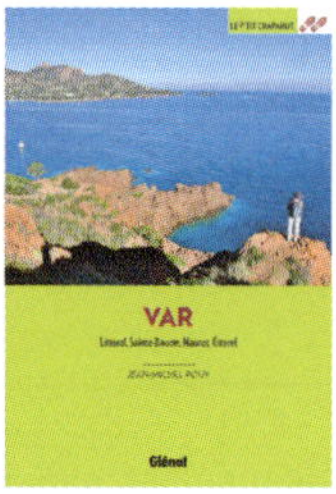

ici
Radio
TV
Digital
Le média qui vit
comme nous, ici.
CRÉDIT PHOTO : BENJAMIN LOYSEAU

LES AUTEURS

Noëllie est née et a grandi à Grenoble. Elle a débuté comme conceptrice-rédactrice en agence de publicité parisienne, avant de redescendre s'installer à Marseille. Aujourd'hui freelance, elle rédige aussi bien pour le tourisme responsable en Provence-Alpes-Côte d'Azur que pour des agences de communication. Fidèle à ses origines, elle aime les sports de montagne comme l'escalade ou le ski de randonnée. Amoureuse de sa ville d'adoption, elle aime se balader dans les calanques, parcourir les rayons de la librairie Maupetit pendant des heures et lire sur les rochers de Malmousque.

Diplômée en histoire et en journalisme, **Audrey** a notamment écrit plusieurs années pour le Nouvel Obs. Aujourd'hui rédactrice indépendante, elle vit à Marseille et s'est spécialisée dans le tourisme responsable en Provence-Alpes-Côte d'Azur, les projets de développement durable, les savoir-faire locaux et la vie culturelle. Elle aime les longues marches sur les sentiers ensoleillés de la Côte Bleue, la cuisine végétarienne aux saveurs méditerranéennes et flâner dans les rayons de la bibliothèque de l'Alcazar.

Achevé d'imprimer en France en mars 2025 par Dupliprint, sur papier provenant de forêts gérées de manière durable.
N° 2996777F